财务小课，

轻松趣学

会计入门 图解版

杨　凤◎编著

中国铁道出版社有限公司

CHINA RAILWAY PUBLISHING HOUSE CO., LTD.

北　京

图书在版编目（CIP）数据

财务小课，轻松趣学会计入门：图解版 / 杨凤编著 .—北京：
中国铁道出版社有限公司 , 2024.6
ISBN 978-7-113-31137-7

Ⅰ.①财… Ⅱ.①杨… Ⅲ.①会计学 – 图解 Ⅳ.① F230–64

中国国家版本馆 CIP 数据核字（2024）第 070376 号

书 名：**财务小课，轻松趣学会计入门（图解版）**
　　　　CAIWU XIAOKE，QINGSONG QUXUE KUAIJI RUMEN（TUJIE BAN）

作 者：杨 凤

责任编辑：王 佩 编辑部电话：（010）51873022 **电子邮箱**：505733396@qq.com
封面设计：宿 萌
责任校对：苗 丹
责任印制：赵星辰

出版发行：中国铁道出版社有限公司（100054，北京市西城区右安门西街 8 号）
印 刷：河北宝昌佳彩印刷有限公司
版 次：2024 年 6 月第 1 版 2024 年 6 月第 1 次印刷
开 本：710 mm×1 000 mm 1/16 **印张**：11.75 **字数**：198 千
书 号：ISBN 978-7-113-31137-7
定 价：69.80 元

前言

  会计岗位不仅需要从业人员牢固掌握会计理论知识，同时还需要掌握实用的会计工作方法和技巧。会计人员不仅要能做账，还要能进行必要的财务分析。

  那么，想要从事会计工作，需要进行系统学习吗？

  答案显然是肯定的。会计不仅是一种工作，还是一门专业性很强的学科，需要从业人员进行会计知识的系统学习。

  然而，会计知识内容多且复杂，学习起来可能会让人感觉枯燥，这就使得很多人对它望而却步。再加上很多在职人员缺乏充足的学习时间，就更容易放弃学习了。

  面对又多又杂又极具专业性的会计知识，想要从事会计工作的人要如何才能利用工作之余轻松、快速地掌握会计入门的必要技法呢？

  为了解决这部分人的困扰，我们编写了本书。通过学习本书，读者可迅速掌握会计基础知识，轻松跨过会计入门门槛，同时还能掌握基础且实用的账务处理。

  本书共七章，可大致划分为三部分。

◆ 第一部分为第一章，主要帮助读者了解会计的一些基础知识，包括会计是什么、会计信息质量要求、会计六大要素、单据和凭证的填制规范，以及账簿类型与对账、结账工作等内容。

◆ 第二部分为第二至五章，从会计六大要素出发，分别介绍了资产、负债、所有者权益、收入、费用和利润的相关知识与账务处理。

◆ 第三部分为第六至七章，主要对会计工作中涉及的报表与财务分析方法，以及常见的税务工作进行了简单介绍，帮助读者快速认识报表结构和常用的财务指标，熟悉相关的税务知识，从而提高会计从业人员的工作技能。

本书结构清晰，知识点浅显易懂，内容由浅入深，结合大量实际案例与会计知识的图示化表达，提升了学习会计的趣味性，可有效帮助读者更准确、轻松且愉悦地掌握会计知识，让读者有足够的兴趣和信心学好会计。

最后，希望所有读者都能从本书中学到想学的会计知识，快速打破知识壁垒，轻松跨过会计工作门槛。

编　者

目录

第一章　基础抓牢，轻松学会计..1

一、会计入门知识轻松学..2

01　初识会计...2

02　会计信息把好质量关..4

03　会计的六大要素是基石...5

实例分析 某些资源算不算资产...5

实例分析 某些现时义务算不算负债..7

实例分析 销售商品收到钱款就应该确认收入吗.........................10

实例分析 分期收款方式下费用的确认.....................................11

04　会计科目和会计账户傻傻分不清...12

05　借贷记账法下的增减变化有规律...16

二、收到单据要记账..19

06　收到外来单据要审核..19

07　自制单据要规范..20

08　填制记账凭证勤记账..22

09　审核记账凭证从"五个是否"入手.......................................26

10　妥善保管凭证，有效减少麻烦事儿.....................................27

三、做账之后要登记账簿 28

11 现金业务要日日登账 28

12 分类账簿用处大，账户记录更明确 29

13 期末对账、结账工作不能少 32

14 发现错账要用正确方法完成更正 36

第二章　明确资产，干活不迷茫 41

一、流动资产跑一跑更健康 42

01 日常经营中现金怎么用 42

　　实例分析 出纳从公司银行账户提取 1 000.00 元现金 43

　　实例分析 出纳将多余 800.00 元现金存入银行 44

02 业务活动中货款多用银行存款结算 45

　　实例分析 公司采购原材料用银行存款支付 8.30 万元 46

　　实例分析 公司对外出售一批产品收到对方的银行转账 47

03 客户赊账计应收，提前付款计预付 47

　　实例分析 销售商品当天暂未收到款项 48

　　实例分析 公司采购原材料预先支付 50% 货款 49

04 存货核算要分清，种类繁多别记混 49

　　实例分析 核算公司的周转材料 51

　　实例分析 核算公司的委托加工物资 53

　　实例分析 公司产成品验收入库与对外销售的账务处理 54

05 存货放久了，减值怎么办 54

　　实例分析 为公司存货计提跌价准备 55

06 应收款项可能减值，坏账准备少不了 56

　　实例分析 用备抵法核算企业的坏账准备 56

二、非流动资产用一用，经营更稳健 57

　　07　要想工作效率高，固定资产来帮忙 57

　　　　实例分析 取得生产设备的账务处理 59

　　08　机器设备用过就耗损，折旧一定要计提 60

　　　　实例分析 采用年限平均法计提固定资产的折旧 61

　　09　固定资产处置时该怎么核算账目 62

　　　　实例分析 提前报废的设备的账务处理 63

　　10　有无形资产，公司竞争力更强 63

　　　　实例分析 外购无形资产的确认处理 64

　　　　实例分析 自行研发生产技术的确认计量 65

　　11　无形资产越用越贬值，计提摊销不能少 66

　　　　实例分析 不同情形下无形资产的摊销处理 67

　　12　无形资产是处置还是报废，账务有讲究 67

　　　　实例分析 不同情形下无形资产的处置账务 68

第三章　重视负债，经营更高效 70

一、善用流动负债，经营更轻松 71

　　01　短期大额资金需求，找银行借款 71

　　　　实例分析 公司短期借款借入与偿还账务处理 71

　　02　暂不付款计应付，提前收款计预收 72

　　　　实例分析 发生与偿还应付账款的账务处理 73

　　　　实例分析 取得与偿付预收账款的账务处理 74

　　03　聘用员工付报酬，应付职工薪酬善运用 75

　　　　实例分析 关于应付职工薪酬的计提、发放的账务处理 76

　　04　经营获利责任大，应交税费按时办 77

05 视同销售难避免，缴不缴税要拎清 78

实例分析 视同销售业务的增值税处理 78

06 应付暂收款常有，其他应付款核算要准确 79

实例分析 公司发生其他应付款的账务处理 80

二、经营中的非流动负债要合理 80

07 向银行借款时间长，长期借款记录好 81

实例分析 借入长期借款的账务处理 81

08 筹集资金发债券，应付债券核算少不了 82

09 长期应付款与其他应付款一样吗 83

实例分析 采用补偿贸易方式引进设备的账务处理 84

10 如果发生应纳税暂时性差异，如何核算递延所得税负债 85

实例分析 发生应纳税暂时性差异要核算递延所得税负债 85

第四章　懂所有者权益，心如明镜 88

一、了解所有者权益的大致结构 89

01 实收资本是实际收到的资本吗 89

实例分析 实际收到的资本等于注册资本的账务核算 90

实例分析 实际收到的资本大于注册资本的账务核算 90

实例分析 实际收到的资本小于注册资本的账务核算 91

02 哪些经营活动会引起资本公积的变化 91

03 盈余公积一定要计提吗 93

实例分析 关于盈余公积的一些账务处理 95

04 未分配利润究竟分不分配，看情况 96

实例分析 关于未分配利润的核算处理 97

05 新准则下的其他综合收益 98

二、所有者权益内外部变动情况 100

06 经营良好投资者追加投资，增加实收资本 100

实例分析 投资者追加投资引起实收资本增加和所有者权益结构变化 101

07 资本公积转增资本 102

实例分析 资本公积转增资本的账务处理 103

08 盈余公积弥补亏损 103

实例分析 盈余公积弥补亏损的账务处理 104

09 盈余公积转增资本 104

实例分析 盈余公积转增资本时的限制与账务处理 105

10 向投资者或股东分配利润或股利 106

实例分析 向股东分派现金股利的账务处理 107

第五章　看清经营收益，促发展 109

一、辛苦经营获取收入 110

01 日常经营活动赚取主营业务收入 110

实例分析 一般销售商品业务收入的账务处理 111

实例分析 出售商品暂不能确认收入的账务处理 111

实例分析 发生商业折扣的主营业务收入处理 113

实例分析 发生现金折扣的主营业务收入处理 114

实例分析 发生销售折让的主营业务收入处理 115

02 与日常经营活动有关的业务赚取其他业务收入 116

实例分析 关于其他业务收入的账务处理 117

03 与日常经营活动无关的业务赚取营业外收入 117

实例分析 关于营业外收入的账务处理 118

04 资产的公允价值变动，记公允价值变动损益 118

实例分析 交易性金融资产的公允价值变动处理 119

05 投资获利，计入投资收益 119

　　实例分析 关于投资收益的账务处理 120

二、收入的获取需要付出相应成本与费用 121

06 日常经营活动付出的主营业务成本 121

　　实例分析 售出商品结转主营业务成本的账务处理 121

07 与日常经营活动有关的业务付出为其他业务成本 122

　　实例分析 关于其他业务成本的账务处理 122

08 与日常经营活动无关的付出为营业外支出 123

　　实例分析 关于营业外支出的账务处理 124

09 行政管理与部分职工薪酬需计入管理费用 125

　　实例分析 与管理费用有关的账务处理 125

10 与销售活动相关的费用支出计入销售费用 126

　　实例分析 与销售费用有关的账务处理 127

11 与筹集资金有关的费用支出计入财务费用 127

　　实例分析 与财务费用有关的账务处理 128

12 缴纳企业所得税时需要登记所得税费用 128

　　实例分析 所得税费用的核算与账务处理 129

三、经营成果通过利润来直观反映 130

13 主营业务和其他业务的利润相加——营业利润 130

14 营业利润加上营业外收支净额——利润总额 131

15 获取的利润扣除所得税费用——净利润 132

　　实例分析 关于"本年利润"科目的账务处理 133

第六章　认识并运用报表，提升技能 135

一、四大报表一定要牢记 136

01 看资产负债表了解公司资产结构 136

02 看利润表知晓公司当期经营成果 138

03 看现金流量表掌握企业现金流情况 140

04 看所有者权益变动表，明确股东权益结构 141

二、报表中的财务分析技术 143

05 公司能不能及时还款，要看偿债能力 144

实例分析 简单了解企业偿债能力强弱的衡量 146

06 公司资产利用率高低，看营运能力 147

实例分析 从存货周转率分析公司的营运能力 149

07 公司经营获利水平高低，看盈利能力 150

实例分析 通过资产报酬率分析公司的盈利能力 151

08 企业未来发展前景好坏，看发展能力 151

实例分析 从利润增长率看公司的发展能力 153

09 财务分析中的综合技术——杜邦分析法 153

第七章　财税不分离 155

一、附加税费与流转税费的"连体"性 156

01 企业经营担负建设与维护责任，缴城建税 156

实例分析 核算应缴纳的城市维护建设税并做账 157

02 助力地方教育事业，缴教育费附加和地方教育附加 157

实例分析 核算处理教育费附加和地方教育附加 158

二、员工应交的个人所得税由企业代扣代缴 159

03 个人所得税的征税范围要牢记 159

04 不同种类的个人所得税税率档次要分清 160

实例分析 计算某个人综合所得应缴纳的个人所得税 162

实例分析 个体工商户取得经营所得核算应缴纳个人所得税 163

实例分析 其他所得项目的个人所得税计缴核算 165

三、其他税种的那些事儿 166

05 关税贯穿于外贸企业的经营活动 166

06 公司开展业务并签订合同，印花税少不了 168

实例分析 核算签订合同应缴纳的印花税税额 169

07 占用应税土地开展经营活动，缴纳城镇土地使用税 170

实例分析 公司经营占用土地需缴纳城镇土地使用税 171

08 购置车辆时，缴纳车辆购置税 172

实例分析 公司购买管理用应税车辆需要缴纳车辆购置税 173

09 使用车船过程中，缴纳车船税 173

实例分析 公司购买应税车辆需要按年缴纳车船税 174

第一章 基础抓牢，轻松学会计

　　要想轻松学会计，基础知识一定要熟练掌握。只有底层"砖"砌牢固了，上层"建筑"才会稳，只有熟练掌握基础的会计知识，才能在后续的学习中更得心应手。那么，什么是会计核算？怎么区分会计科目和会计账户？单据是什么凭证？什么是账簿？这些都将在本章进行讲解。

○ 会计入门知识轻松学
○ 收到单据要记账
○ 做账之后要登记账簿

一、会计入门知识轻松学

会计是一种经济管理活动，也是一种经济信息系统。货币是它的主要计量单位，核算与监督是它的两个基本职能，另外还有预测、决策和考评等拓展职能。从事会计工作，不只是记账、算账，它还涉及报账等一系列程序。

01 初识会计

有人说，会计是一种职业；还有人说，会计是一个工种。这两种说法都没有错，因为会计既可以指会计工作人员，体现会计这一职业；也可以指会计工作，体现会计这一工作类型。

那么，会计究竟是什么呢？

会计是以货币为主要计量单位，运用专门方法，对企业、机关单位或其他经济组织的经济活动进行连续、系统、全面地反映和监督的一项经济管理活动，如图 1-1 所示。

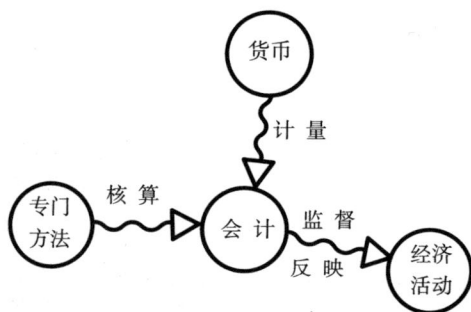

图 1-1 什么是会计

在开展会计工作前，读者先要明白会计确认、计量和报告的前提——四个会计基本假设，它是对会计核算所处时间、空间等环境所做的合理假定。如果没有这四个会计基本假设，会计工作的执行无法保证正确性、有效性。相关内容见表 1-1。

表 1-1 会计基本假设

基本假设	简　述
会计主体	会计主体指企业会计确认、计量和报告的空间范围，换句话说，就是会计核算和监督的特定单位或组织

续上表

基本假设	简 述
持续经营	持续经营指在可以预见的未来，企业将会按当前规模和状态继续经营下去，不会停业，也不会大规模削减业务。这一假设，主要是用于区分正常经营的会计期间与终止经营的清算期，因为企业是否持续经营，关系着企业会计处理方法和原则的选择
会计分期	会计分期指将一个企业持续经营的经济活动划分为一个个连续的、长短相同的期间，以便分期结算账目和编制财务会计报告。比如会计年度为公历1月1日至12月31日，会计中期指月度、季度和半年度
货币计量	货币计量指会计主体在会计确认、计量和报告时以货币作为计量尺度，反映会计主体的经济活动。这一前提是为了确保会计确认、计量和报告统一口径，使会计信息具有可比性

要想会计工作正确、有效，除了要了解会计基本假设，还应知道什么是会计基础。会计基础实际上就是用来界定收入、费用等的入账时间的规定。在我国，企业和部分事业单位采用的会计基础为权责发生制；行政单位和部分经营性事业单位采用的会计基础为收付实现制。

权责发生制也称应计制，指收入、费用的确认应以收入和费用的实际发生作为确认标准，确认的关键在于"该与不该"，即该入账还是不该入账。

收付实现制也称现金制，指以收到或支付现金作为确认收入、费用的标准，是与权责发生制相对应的一种会计基础，确认的关键在于收付钱当时的时间点。

下面用一个简单的示意图表示权责发生制与收付实现制的区别，如图1-2所示。

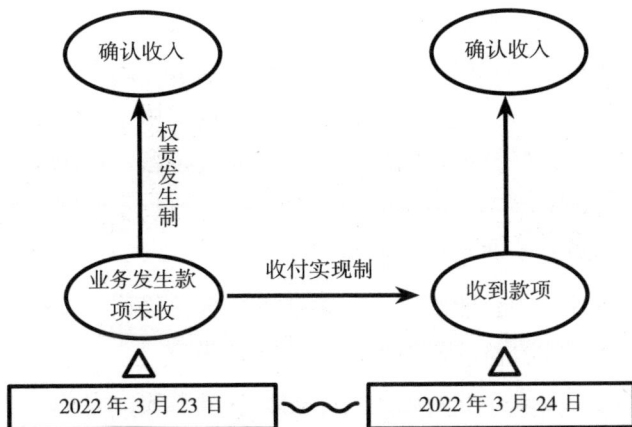

图1-2 权责发生制与收付实现制的区别

图1-2中显示，公司在2022年3月23日发生经济业务，但相关款项当天未收到。如果采用权责发生制，该笔业务当天就应该确认收入；如果采用收付实现

制，当天就不需要确认收入，待实际收到货款时再确认，即 2022 年 3 月 24 日收到货款，确认收入。

② 会计信息把好质量关

会计信息是反映企业财务状况、经营成果和资金变动的财务信息，是企业评价经营业绩或进行投资决策的重要依据。因此，会计信息一定要保证质量，严格遵守要求。

会计信息的质量要求主要包括八点。

可靠性。可靠性要求企业应以实际发生的交易或事项为依据进行确认、计量和报告，如实反映符合确认和计量要求的各项会计要素及其他相关信息，保证会计信息真实可靠、内容完整。

相关性。相关性要求企业提供的会计信息应与财务会计报告使用者的经济决策需要相关，有助于财务会计报告使用者对企业过去和现在的情况作出客观评价，对未来的情况作出预测。

可理解性。可理解性要求企业提供的会计信息应清晰明了，便于财务会计报告使用者理解和使用。

可比性。可比性要求企业提供的会计信息应相互可比，保证同一企业不同时期的会计信息可比（纵向可比）、不同企业相同会计期间的会计信息可比（横向可比）。

实质重于形式。实质重于形式要求企业应按照交易或事项的经济实质进行会计确认、计量和报告，不应仅以交易或事项的法律形式为依据。比如，企业经营租赁出租的固定资产，形式上不再是企业使用，但实质上该固定资产的所有权仍然在企业手中，所以，经营租赁出租的固定资产也要算作企业的固定资产。

重要性。重要性要求企业提供的会计信息应反映与企业财务状况、经营成果和现金流量有关的所有重要交易或事项。

谨慎性。谨慎性要求企业对交易或事项进行会计确认、计量和报告时应保持谨慎，不应高估资产或收益，也不应低估负债或费用。

及时性。及时性要求企业对已经发生的交易或事项，应及时进行确认、计量和报告，不得提前或延后。提前得出的会计信息，只能算是预测信息，不能如实反映企业的财务状况、经营成果和现金流量，也就不符合会计信息的可靠性；而延后得出的会计信息对当期经营所需来说，已经失去时效性，无法为财务会计报告使用者提供有效的决策依据。

⑩ 会计的六大要素是基石

会计要素是指根据交易或者事项的经济特征对财务会计对象所做的基本分类。

我国《企业会计准则——基本准则》将会计要素划分为六大类：资产、负债、所有者权益、收入、费用和利润。其中，资产、负债和所有者权益是反映企业财务状况的会计要素，在资产负债表中列示；收入、费用和利润是反映企业经营成果的会计要素，在利润表中列示。

（1）资产

资产指企业过去的交易或者事项形成的、由企业拥有或控制的、预期会给企业带来经济利益的资源。如图 1-3 所示为资产的特征。

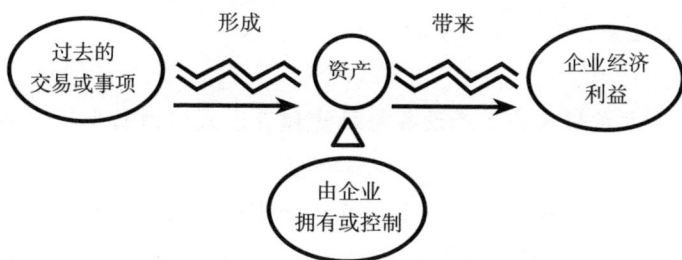

图 1-3 资产的特征

然而，并不是所有符合这些特征的资源都能确认为企业的资产。一项资源能够被确认为资产，除了要符合资产定义、特征外，还应同时满足下列所示的两个条件。

①与该资源有关的经济利益很可能流入企业。

②该资源的成本或价值能够可靠地计量。

实例分析

某些资源算不算资产

【例1】

某企业在进行财产清查时，发现一批存货霉烂变质，此时这批存货还算是企业的资产吗？

由于霉烂变质的存货不能再给企业带来经济利益，既不符合资产的定义，也不符合应该满足的条件。因此，这批存货不再是企业的资产，为避免这样的情况为企业带来损失，实务中要提前计提存货减值准备。

【例2】

经营性租入的生产设备与经营性租出的生产设备，租赁期满后是企业的资产吗？

经营性租入的生产设备属于企业发生的临时租用，该生产设备的所有权不属于承租人，即不属于企业，企业只定期支付租金。尽管使用生产设备预期在未来可以为企业带来经济利益，但是其并不由企业拥有或控制，因此，也不属于企业的资产。

经营性租出的生产设备属于企业发生的临时出租，该生产设备的所有权依然属于出租人，即属于企业，由企业拥有。而租入方会向企业支付租金，期满将设备退还给出租方（企业），预期未来能给企业带来经济利益。所以，经营性租出的生产设备属于企业的资产。

【例3】

融资租赁方式租入的生产设备与融资租赁方式租出的生产设备租赁期满后，是企业的资产吗？

融资租赁方式租入的生产设备，虽然企业通过向出租人支付租金而获得生产设备的使用权，但根据租赁合同的一般约定，租赁期满后，承租人（企业）根据合同或协议约定获得该生产设备的所有权。也就是说，该生产设备不仅能为企业带来经济利益，未来还确定会由企业拥有并控制，因此，以融资租赁方式租入的生产设备，属于企业的资产。

融资租赁方式租出的生产设备刚好相反。虽然企业通过收取承租人支付的租金来获得经济利益，但租赁期满后，根据协议或合同的约定，该生产设备的所有权就会归承租人所有，即不再由企业拥有或控制，因此，以融资租赁方式租出的生产设备，不再属于企业的资产。

（2）负债

负债指企业过去的交易或者事项形成的，预期会导致经济利益流出企业的现时义务。如图1-4所示为负债的特征。

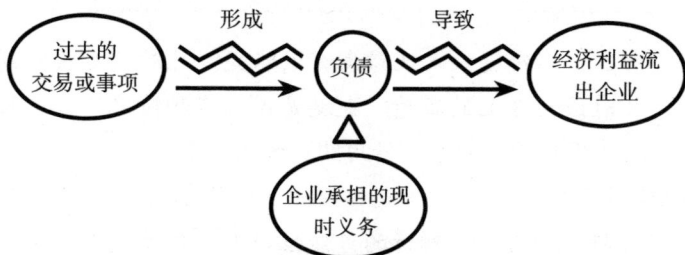

图 1-4 负债的特征

同样，并不是所有符合这些特征的现时义务都能确认为企业的负债，一项现时义务能够被确认为负债，除了要符合负债定义、特征，还应同时满足下列所示的两个条件。

①与该义务有关的经济利益很可能流出企业。

②未来流出的经济利益的金额能够可靠地计量。

实例分析

某些现时义务算不算负债

【例1】

某公司签订了一项 1 000.00 万元的借款合同，合同签订当日是否应在账上确认负债？

合同签订当日，这 1 000.00 万元不应在账上确认负债。因为此时公司只是签订了借款合同，但是否确认负债，还需要看款项是否借入公司。如果款项尚未借入公司，则说明借款这一事项并没有完成，也就不符合负债定义中的"过去交易或者事项"，所以不确认负债。如果该借款已经借入到账，财会人员才可以用银行到账票据作为原始凭证做账，此时 1 000.00 万元才能确认为公司的负债。

【例2】

某公司销售一批产品，款项已收，承诺保修期为一年，在保修期内可以无条件退货，这种方式会不会产生企业的负债？

理论上来说，交易已经发生了，钱款也已经入账，形成了收入。但是根据权责发生制原则，公司售出的产品，其风险还没有转移给购买方，一年内都还在销售方（即公司），所以需要等到保修期届满后才能确认这部分钱款为收入。那么，不确定收入又该怎么做账呢？此时就要将收到的货款作为预收款项，暂时成为企业的负债。也就是说，这种情况下，已收到的货款应确认为公司的一项负债，即暂时借用购买方的资金。

【例3】

某公司正在打一个官司，败诉的可能性很大，但是现在无法知道具体赔付多少钱，这里未来需要赔付的钱属于公司当期的负债吗？

不属于。虽然公司打官司败诉可能性很大，会面临赔付，但这个赔付事项是未来会发生的，而不是由过去的交易或者事项形成的，不符合负债的定义。因此，未来因官司败诉而需要赔付的钱不属于公司当期的负债。

（3）所有者权益

所有者权益指企业资产扣除负债后由所有者享有的剩余权益。公司的所有者权益也称股东权益。所有者权益的特征如图1-5所示。

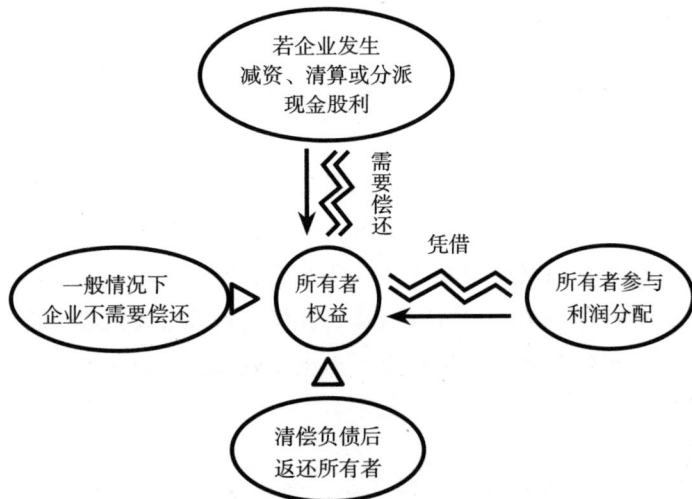

图1-5　所有者权益的特征

所有者权益的确认和计量，主要取决于企业的资产、负债、收入和费用等其他会计要素的确认和计量。所有者权益的确认用以下计算公式表示：

所有者权益＝企业资产总额－债权人权益（负债）＝企业的净资产

（4）收入

收入指企业在日常活动中形成的、会导致所有者权益增加的、与所有者投入资本无关的经济利益的总流入。这里的日常活动指企业为了完成其经营目标而从事的经常性活动以及与之相关的活动。

> **拓展贴士** *什么是经常性活动*
>
> 　　经常性活动可以简单理解为经常开展的活动，如企业销售商品、提供劳务、让渡资产使用权等。与之对应的非日常活动是企业经营过程中不经常发生的活动，如接受捐赠、出售固定资产或无形资产等。

如图 1-6 所示为收入这一会计要素的特征。

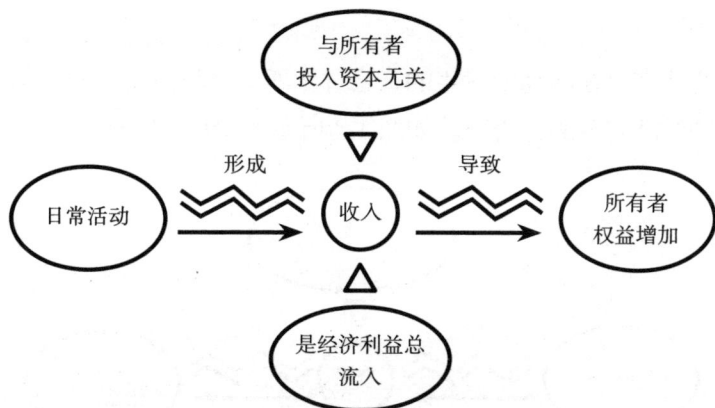

图 1-6　收入的特征

一项经济利益要确认为收入，除了应符合收入的定义和特征，还应同时符合以下三个条件。

①与收入相关的经济利益很可能流入企业。

②经济利益流入企业的结果会导致资产的增加或负债的减少。

③经济利益的流入额能够可靠地计量。

实例分析

销售商品收到钱款就应该确认收入吗

某公司在 2×22 年 3 月 24 日与购买方签订购销合同，当天收到购买方支付的部分货款 4.25 万元，但商品尚未交付给购买方。此时，公司收到的这 4.25 万元货款是否属于收入？

该公司只是在签订购销合同的当天收到购买方支付的部分货款，且商品尚未交付给购买方，也就是说，商品的价值与风险依然由公司承担，没有发生转移，交易尚未完成，所以不符合收入的定义"在日常活动中形成"，这部分货款就不能确认收入，而要做预收账款处理。

收入按照不同的划分依据，可以分成不同的种类，具体将在本书第五章中详细介绍。

（5）费用

费用指企业在日常活动中发生的、会导致所有者权益减少的、与向所有者分配利润无关的经济利益的总流出。如图 1-7 所示为费用的特征。

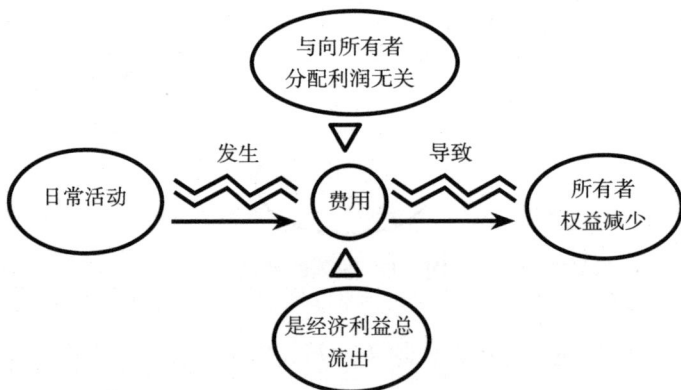

图 1-7　费用的特征

同理，一项发生的经济流出要确认为费用，除了要符合费用的定义、特征，还应同时满足以下条件。

①与费用相关的经济利益很可能流出企业。

②经济利益流出企业的结果会导致资产的减少或负债的增加。

③经济利益的流出额能够可靠地计量。

实例分析

分期收款方式下费用的确认

某公司在 2×22 年 2 月采用分期收款方式销售商品，商品发出当天已收到第一期货款 3.88 万元，后续还剩 4.62 万元的货款未收。

已知第一期货款对应的商品成本为 2.20 万元，后续货款对应的商品成本为 2.84 万元。那么，公司在收到第一期货款时如何确认费用呢？

公司采用分期收款方式销售商品，应按合同约定的收款日期分期确认收入，并按照商品全部销售成本与全部销售收入的比率，计算出当期应结转的营业成本，注意要与当期确认的营业收入相配比。换句话说，公司在收到第一期货款时，只能将对应的 2.20 万元商品成本确认为费用。注意，这里的"费用"，并不是指名称为费用的才是费用，而是对所有经济利益流出的统称，相当于"损益"中的"损"，而营业成本是影响企业当期损益的重要部分。

（6）利润

利润指企业在一定会计期间的经营成果，具体为收入减去费用加上直接计入当期损益的利得减去损失后的净额。如图 1-8 所示为利润的特征。

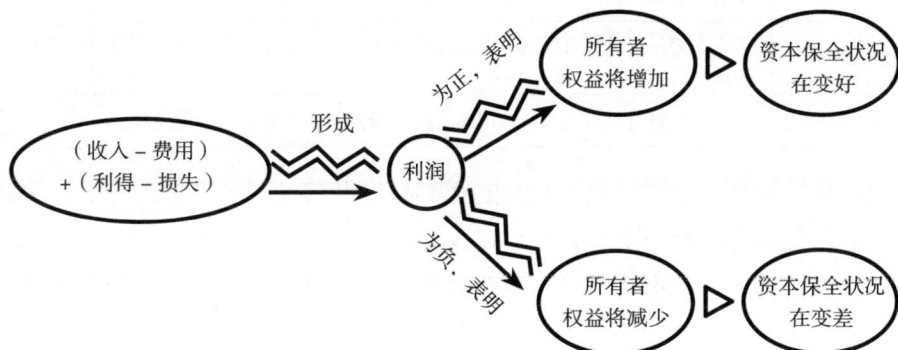

图 1-8　利润的特征

利润的确认主要依赖于收入和费用，以及直接计入当期利润的利得和损失的确认，其金额的确定也主要取决于收入、费用、利得和损失金额的计量。简单用公式表示如下：

利润 =（收入 − 费用）+（直接计入当期损益的利得 − 损失）

④ 会计科目和会计账户傻傻分不清

会计科目是对会计要素的具体内容进行分类核算的项目。而会计账户是根据会计科目设置的，具有一定格式和结构，用于分类反映会计要素增减变动情况及其结果的载体。

通俗点讲，会计科目是会计要素的名字，会计账户是会计要素的骨架。

（1）会计科目

会计科目大致有两种分类方式，不同分类方式下各有不同的科目类别。比较常见的是按照科目反映的经济内容的不同进行分类，见表 1-2。

表 1-2　会计科目的六大类

科目类别	简　介
资产类科目	资产类科目是对资产要素的具体内容进行分类核算的项目
负债类科目	负债类科目是对负债要素的具体内容进行分类核算的项目
所有者权益类科目	所有者权益类科目是对所有者权益要素的具体内容进行分类核算的项目
共同类科目	共同类科目是既有资产性质，又有负债性质的科目。这类科目在金融、保险、投资以及基金等企业使用，包括清算资金往来、货币兑换、衍生工具、套期工具和被套期项目等，在一般的企业中较少使用
成本类科目	成本类科目是对可归属于产品生产成本、劳务成本等的具体内容进行分类核算的项目
损益类科目	损益类科目是对收入、费用等会计要素的具体内容进行分类核算的项目

另一种是按照会计科目提供信息的详细程度及其统驭关系进行分类，将其分为两大类：总分类科目、明细分类科目。

总分类科目。总分类科目又称总账科目或一级科目，是对会计要素的具体内容进行总括分类，提供总括信息的会计科目。

明细分类科目。明细分类科目又称明细科目，是对总分类科目做进一步分类，提供更详细和具体的会计信息的科目。如果某一个总分类科目所辖的明细分类科目较多，可在总分类科目下设置二级明细科目，在二级明细科目下设置三级明细科目。

　　由于各企业经济业务活动的具体内容、规模大小和业务繁简程度等不同，因此在具体设置会计科目时，应考虑自身经营特点和具体情况，在遵循合法性原则、相关性原则和实用性原则的前提下，灵活设置会计科目。表1-3所示为常用会计科目，实务中涉及的会计科目包括但不限于此。

表1-3　常用会计科目

类　　别	子类别	科目名称	类　　别	子类别	科目名称
资产类	流动资产	库存现金	负债类	流动负债	短期借款
		银行存款			应付票据
		其他货币资金			应付账款
		交易性金融资产			预收账款
		应收票据			应付职工薪酬
		应收账款			应交税费
		预付账款			应付利息
		应收股利			应付股利
		应收利息			其他应付款
		其他应收款		非流动负债	长期借款
		坏账准备			应付债券
		材料采购			长期应付款
		在途物资			预计负债
		原材料			递延所得税负债
		材料成本差异			—
		库存商品	所有者权益类	资本类	实收资本
		发出商品			资本公积
		商品进销差价		留存收益类	盈余公积
		委托加工物资			其他综合收益
		存货跌价准备			本年利润

续上表

类　别	子类别	科目名称	类　别	子类别	科目名称
资产类	非流动资产	债权投资	所有者权益类	留存收益类	利润分配
		其他债权投资	成本类	—	生产成本
		长期应收款			制造费用
		长期股权投资			劳务成本
		其他权益工具投资			研发支出
		投资性房地产	损益类	—	主营业务收入
		固定资产			其他业务收入
		累计折旧			公允价值变动损益
		固定资产减值准备			投资收益
		在建工程			营业外收入
		工程物资			主营业务成本
		固定资产清理			其他业务成本
		无形资产			税金及附加
		累计摊销			销售费用
		无形资产减值准备			管理费用
		长期待摊费用			财务费用
		递延所得税资产			资产减值损失
		待处理财产损溢			营业外支出
		—			所得税费用
		—			以前年度损益调整

（2）会计账户

会计账户与会计科目的类别一一对应。

按照核算的经济内容，分为资产类账户、负债类账户、所有者权益类账户、共同类账户、成本类账户和损益类账户六大类。

> **拓展贴士** *部分会计账户中备抵账户的存在*
>
> 在这六大会计账户分类中，资产类账户、负债类账户和所有者权益类账户可能存在备抵账户，又称抵减账户，是用来抵减被调整账户余额、确定被调整账户实有数额而设置的独立账户。例如固定资产账户的备抵账户有累计折旧、固定资产减值准备，无形资产账户的备抵账户有累计摊销、无形资产减值准备等。

按照账户提供信息的详细程度及其统驭关系，会计账户分为总分类账户和明细分类账户。

会计账户的主要功能是连续、系统、完整地提供企业经济活动中各会计要素增减变动及其结果的具体信息。账户提供的会计要素在特定会计期间增加和减少的金额，分别称为账户的"本期增加发生额"和"本期减少发生额"，两者统称为账户的"本期发生额"。会计要素在会计期末的增加变动结果，称为账户的"余额"，具体表现为期初余额和期末余额，账户上期的期末余额转入本期，即为本期的期初余额；账户本期的期末余额转入下期，即为下期的期初余额。账户的期初余额、期末余额、本期增加发生额和本期减少发生额统称为账户的四个金额要素。它们之间的关系如图 1-9 所示。

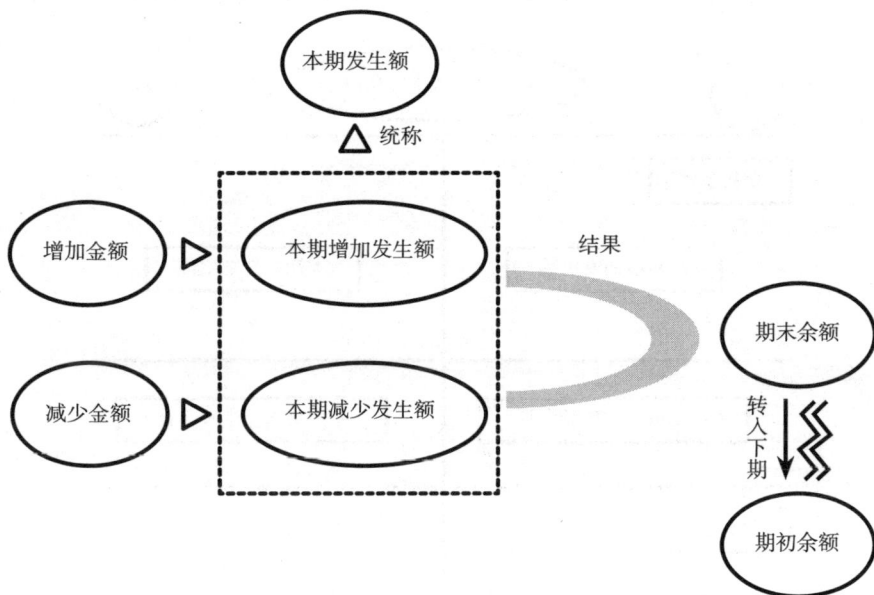

图 1-9 会计账户中的会计要素增减变动与结果

会计账户的结构主要包括五部分，内容如下：

①账户名称，即会计科目。

②日期，即所依据记账凭证中注明的日期。

③凭证号，即所依据记账凭证的编号。

④摘要，即经济业务的简要说明。

⑤金额，即增加额、减少额和余额。

在实务中常见的账户基本结构为 T 型账户，也可称为丁字账户。不同类型的账户，在使用借贷记账法时，其结构中的增加、减少对应的借贷方是不同的，这部分内容会在下一小节内容中详细介绍。

05 借贷记账法下的增减变化有规律

借贷记账法是以"借"和"贷"作为记账符号的一种复式记账法。借贷记账法的记账规则是"有借必有贷、借贷必相等"。在借贷记账法下，各类账户的基本结构有所不同。

（1）资产类、成本类账户

在借贷记账法下，资产类、成本类账户的借方登记增加额，贷方登记减少额，期末余额一般在借方，有时可能无余额。如图 1-10 所示为这两类账户的大致结构。

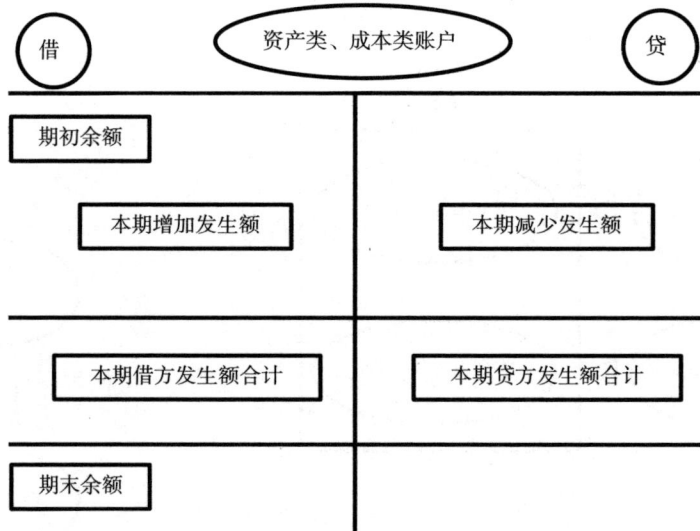

图 1-10 资产类、成本类账户结构

这两类账户在计算期末余额时，使用以下计算公式。

期末借方余额 = 期初借方余额 + 本期借方发生额合计 − 本期贷方发生额合计

（2）负债类、所有者权益类账户

在借贷记账法下，负债类和所有者权益类账户的借方登记减少额，贷方登记增加额，期末余额一般在贷方，有时可能无余额。如图 1-11 所示为这两类账户的大致结构。

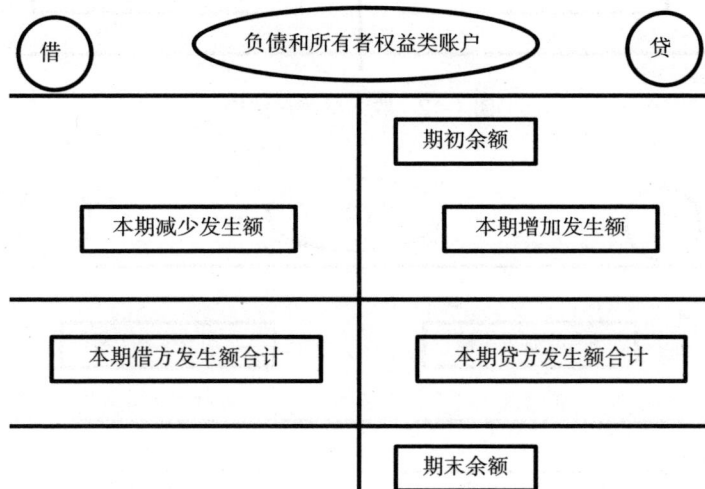

图 1-11　负债和所有者权益类账户结构

这两类账户在计算期末余额时，使用以下计算公式。

期末贷方余额 = 期初贷方余额 + 本期贷方发生额合计 − 本期借方发生额合计

（3）收入类账户

在借贷记账法下，收入类账户的借方登记减少额，贷方登记增加额，本期收入净额在期末时转入"本年利润"账户，用以计算当期损益，所以账户在结转后无余额。如图 1-12 所示为这类账户的大致结构。

（4）费用类账户

在借贷记账法下，费用类账户的借方登记增加额，贷方登记减少额，本期费用净额在期末时转入"本年利润"账户，用以计算当期损益，所以账户在结转后无余额。如图 1-13 所示为这类账户的大致结构。

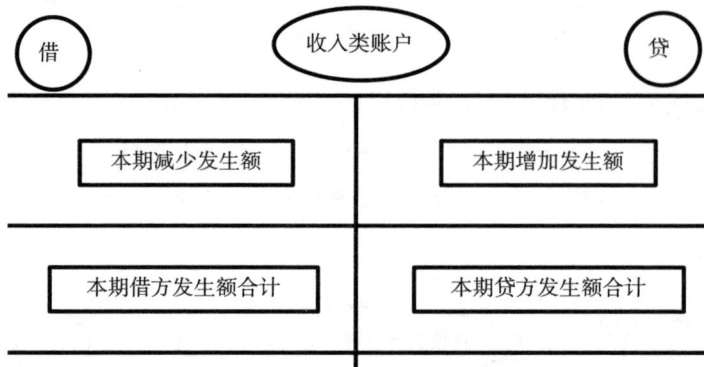

图 1-12　收入类账户结构

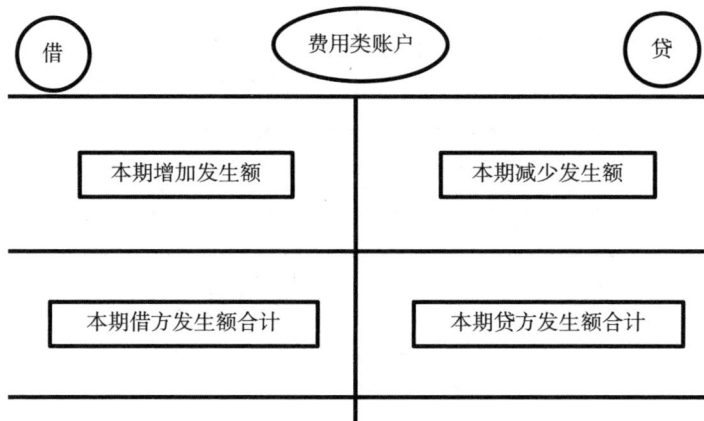

图 1-13　费用类账户结构

需要说明的是，在借贷记账法下，会计分录按照所涉及账户的多少，分为简单会计分录和复合会计分录。

①简单会计分录指只涉及一个账户借方和另一个账户贷方的会计分录，即一借一贷的会计分录。

②复合会计分录指由两个以上（不含两个）对应账户组成的会计分录，即一借多贷、多借一贷和多借多贷的会计分录。

③在一借多贷会计分录中，借方只涉及一个账户，但贷方涉及两个或两个以上的账户。

④多借一贷会计分录中，借方涉及两个或两个以上的账户，但贷方只涉及一

个账户。

⑤多借多贷会计分录中，借方和贷方都涉及两个或者两个以上的账户。

二、收到单据要记账

会计在日常工作中常常会收到一些收据、发票、账单和通知单等，它们是进行会计核算的原始资料和重要依据，有时也被称为原始凭证，主要在经济业务发生时取得或填制，财会人员收到后要据以做账。

⑥ 收到外来单据要审核

外来单据属于原始凭证，其格式和内容因经济业务和经营管理的不同而有差别，但无论怎么变化，原始凭证也应该具备以下七项基本内容。

①凭证的名称。

②填制凭证的日期。

③填制凭证单位名称和填制人姓名。

④经办人员的签名或盖章。

⑤接受凭证单位名称。

⑥经济业务内容。

⑦数量、单价和金额。

财会人员在学习如何审核原始凭证前，一定要明确这七项原始凭证的基本内容。那么，审核原始凭证究竟审核什么呢？内容见表1-4。

表1-4　原始凭证的审核内容

审核方向	具体内容
凭证真实性	审核原始凭证日期、业务内容和数据是否真实，外来原始凭证必须有填制单位公章或财务专用章，以及填制人员签章
凭证合法性	审核原始凭证记录的经济业务是否符合国家法律法规，是否履行了规定的凭证传递和审核程序
凭证合理性	审核原始凭证记录的经济业务是否符合企业经济活动的需要，是否符合有关计划和预算等
凭证完整性	审核原始凭证各项基本内容是否齐全，是否有漏项情况，日期是否完整，数字是否清晰，文字是否工整，有关人员的签章是否齐全，凭证的联次是否正确等

续上表

审核方向	具体内容
凭证正确性	①接受原始凭证单位的名称是否正确 ②金额的填写和计算是否正确 ③错账更正是否正确等

需要注意的是，财会人员在审核原始凭证的真实性时，如果遇到通用原始凭证，如发票、银行本票等，还应审核凭证本身的真实性，以防作假。

原始凭证的审核还需要有结尾工作，即原始凭证审核结果处理。根据审核结果的不同，处理方法不同。

原始凭证完全符合要求。财会人员及时填制记账凭证，即登记入账。

原始凭证不真实或不合法。财会人员不予接受凭证，并报单位负责人知晓。

原始凭证真实、合法但不完整或不正确。财会人员将收到的原始凭证退回给经办人重新开具，或进行更正。

07 自制单据要规范

自制单据也称为自制原始凭证，即由本单位有关部门和人员，在执行或完成某项经济业务时填制的，仅供本单位内部使用的原始凭证，如领料单、产品入库单和差旅费报销单等。

原始凭证在填制时，需要符合的基本要求，见表1-5。

表1-5　原始凭证填制的基本要求

要　　求	具体说明
记录真实	原始凭证中填列的经济业务的内容和数字必须真实可靠，符合企业经营的实际情况
内容完整	原始凭证中填列的项目必须逐项填列齐全，不得遗漏或省略。如原始凭证中的年、月、日要按照填制原始凭证的实际日期填写；单位名称要齐全，不能简化；品名或用途要填写明确，不能含糊不清；有关人员的签章必须齐全等
手续完备	①自制的原始凭证必须有经办单位相关负责人的签名盖章 ②对外开出的原始凭证必须加盖本单位公章或财务专用章 ③从外部取得的原始凭证必须盖有填制单位的公章或者财务专用章 ④从个人处取得的原始凭证必须有填制人员的签名或盖章

续上表

要　　求	具体说明
书写清晰、规范	原始凭证要按规定填写，文字简明、字迹清楚、易于辨认，不得使用未经国务院公布的简化汉字。大小写金额必须符合填写规范，具体填写规范如下 ①小写金额用阿拉伯数字逐个书写，不得写连笔字，在金额前要填写人民币符号"￥"，且与阿拉伯数字之间不得留有空白 ②金额数字一律填写到角、分，无角分的，写"00"或符号"–"；有角无分的，分位写"0"，不得用符号"–" ③大写金额用汉字壹、贰、叁、肆、伍、陆、柒、捌、玖、拾、佰、仟、万、亿、元、角、分、零、整等书写 ④大写金额前未印有"人民币"字样的，应在大写金额前加写"人民币"三个字，且与大写金额之间不得留有空白 ⑤大写金额到元或角为止的，后面要写"整"字；有分的，不写"整"字 例如，小写金额为￥1 005.00，大写金额应写成"壹仟零伍元整"
编号连续	无论是原始凭证还是其他凭证，都要连续编号，以便检查。如果凭证已经预先印定编号，如发票、支票等重要凭证，在因错账作废时，应加盖"作废"戳记，妥善保管，不得撕毁
不得涂改、挖补或刮擦	原始凭证金额填制错误的，应由出具单位重开，不得在原始凭证上更正。原始凭证有其他错误的，应由出具单位重开或更正，更正处应加盖出具单位印章
填制及时	各种原始凭证要及时填写，并按规定的程序及时送交会计机构审核，以保证会计信息的及时性

除了这些基本要求之外，企业在自制原始凭证时也有需要遵循的要求。

◆　一次凭证

一次凭证指一次填制完成，只记录一笔经济业务，且仅一次有效的原始凭证，如收据、收料单、发货票和银行结算凭证等。

填制一次凭证时，应在经济业务发生或完成时，由相关业务人员一次填制完成。

◆　累计凭证

累计凭证指在一定时期内多次记录发生的同类经济业务且多次有效的原始凭证，如限额领料单。累计凭证的特点是在一张凭证内可以连续登记相同性质的经济业务，随时结出累计数和结余数，并按照费用限额进行费用控制，期末按实际发生额记账。

在填制累计凭证时，应在每次经济业务完成后，由相关人员在同一张凭证上重复填制完成。

◆ 汇总凭证

汇总凭证指对一定时期内反映经济业务内容相同的若干张原始凭证，按照一定标准总和填制的原始凭证。这类凭证合并了同类经济业务，简化了记账工作。

汇总凭证应由相关人员在汇总一定时期内反映同类经济业务的原始凭证后填制完成。

注意，这类凭证只能将类型相同的经济业务进行汇总，不能汇总两类或两类以上的经济业务。

拓展贴士 *什么是通用凭证和专用凭证*

通用凭证和专用凭证都是针对原始凭证而言的。通用凭证是指由有关部门统一印制、在一定范围内使用的具有统一格式和使用方法的原始凭证，如某省（市）印制的在该省（市）通用的发票、收据，或者是由国家税务总局统一印制的全国通用的增值税专用发票等。专用凭证是指由单位自行印制、仅在本单位内部使用的原始凭证，如领料单、工资费用分配表和借款单等。

08 填制记账凭证勤记账

记账凭证是企业财会部门根据原始凭证填制，记载经济业务简要内容，确定会计分录，作为记账依据的会计凭证，因此它也被称为分录凭证或记账凭单。

企业的记账凭证通常按照其反映的经济业务的内容来划分，主要分为三类：收款凭证、付款凭证和转账凭证。为了保证账簿记录的正确性，作为登记账簿依据的记账凭证，必须具备以下七项基本内容。

①填制凭证的日期。

②凭证编号。

③经济业务摘要。

④会计科目。

⑤金额。

⑥所附原始凭证张数。

⑦填制凭证人员、稽核人员、记账人员、会计机构负责人和会计主管人员签名或者盖章。

注意，如果是收款和付款凭证，还应由出纳人员签名或盖章。

不同类型的记账凭证有其特有的填制要求，但首先需要满足记账凭证的基本要求，如图 1-14 所示。

除了结账和更正错账可以不附原始凭证外，其他记账凭证必须附原始凭证 ——▶ 01

记账凭证可以根据每一张原始凭证填制，也可以根据若干张同类原始凭证汇总填制，或者根据原始凭证汇总表填制。但不得将不同内容和类别的原始凭证汇总填制在一张记账凭证上 ◀—— 02

记账凭证应连续编号。凭证应由主管该项业务的会计人员按照业务发生的顺序，并按不同种类的记账凭证，采用"字号编号法"连续编号，如银收字 1 号、现付字 1 号等。如果一笔经济业务需要填制两张或两张以上的记账凭证，可以采用"分数编号法"编号，如转字 $4\frac{1}{2}$ 号、转字 $4\frac{2}{2}$ 号。注意，为了便于监督，反映付款业务的会计凭证不得由出纳人员编号 ——▶ 03

填制记账凭证时若发生错误，应重新填制；已经登记入账（即登记账簿）的记账凭证在当年内发现填写错误的，可以用红字填写一张与原内容相同的记账凭证，在摘要栏注明"注销某月某日某号凭证"字样，同时再用蓝字重新填制一张正确的记账凭证，注明"订正某月某日某号凭证"字样。如果会计科目没有错误，只是金额错误，也可以将正确数字与错误数字之间的差额另编一张调整记账凭证，调增金额用蓝字，调减金额用红字 ◀—— 04

记账凭证填制完成后，如有空行，应自金额栏最后一笔金额数字下的空行处至合计数上的空行处画线注销，如图 1–15 所示 ——▶ 05

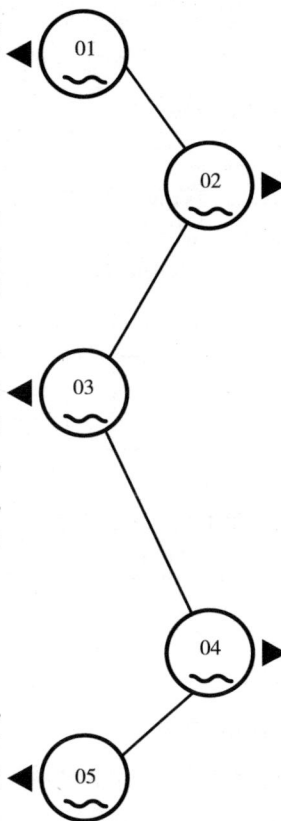

图 1-14 填制记账凭证的基本要求

图 1-15 记账凭证空行的画线注销

下面来分别认识不同的记账凭证及其填制要求。

（1）收款凭证的填制要求

收款凭证是用于记录库存现金和银行存款收款业务的记账凭证，主要根据有关库存现金和银行存款收入业务的原始凭证填制，是登记库存现金日记账、银行存款日记账和有关明细分类账和总分类账等账簿的依据，也可以表明出纳人员收讫款项。如图 1-16 所示为收款凭证模板。

收 款 凭 证												
借方科目：银行存款		年　月　日							银收字第　号			

图 1-16　收款凭证

① 收款凭证左上角的"借方科目"按收款的性质填写"库存现金"或"银行存款"。

② 日期处填制本凭证的日期。

③ 右上角填写填制收款凭证的顺序号。

④ "摘要"栏填写所记录经济业务的简要说明。

⑤ "贷方总账科目"栏填写与"库存现金"或"银行存款"相对应的一级会计科目和明细科目。

⑥ "记账"栏用来注明该凭证是否已登记账簿，防止经济业务重记或漏记。

⑦ "金额"栏填写该项经济业务的发生额。

⑧ 凭证右侧"附件 × 张"或"附单据 × 张"是指该记账凭证所附原始凭证的张数。

⑨ 凭证最下方分别由各有关人员签章，以明确经济责任。

（2）付款凭证的填制要求

付款凭证是用于记录库存现金和银行存款付款业务的记账凭证，主要根据有关库存现金和银行存款支付业务的原始凭证填制，是登记库存现金日记账、银行存款日记账和有关明细分类账和总分类账等账簿的依据，也可以表明出纳人员付讫款项。如图 1-17 所示为付款凭证模板。

付　款　凭　证

贷方科目：银行存款　　　　年　月　日　　　　银付字第　号

摘　要	借方总账科目	明细科目	记账√	金额										
				亿	千	百	十	万	千	百	十	元	角	分
合计（大写）：														

附件　张

会计主管：　记账：　出纳：　审核：　制单：

图 1-17　付款凭证

① 付款凭证的填制要求和收款凭证基本相同，不同的是，付款凭证左上角应填列贷方科目，且按付款的性质填写“库存现金”或“银行存款”。

②“借方总账科目”栏填写与“库存现金”或“银行存款”所对应的一级会计科目和明细科目。

这里要特别注意的是，企业若涉及“库存现金”和“银行存款”之间的相互划转业务，如将现金存入银行，或者从银行提取现金，为了避免重复记账，一般只填制付款凭证，不再填制收款凭证。比如将现金存入银行，只填制现金付款凭证，不填制银行收款凭证；从银行提取现金时，只填制银行付款凭证，不填制现金收款凭证。

另外，出纳人员在办理收款或付款业务后，应在原始凭证上加盖“收讫”或“付讫”戳记，以免重收或重付。

（3）转账凭证的填制要求

转账凭证是用于记录不涉及库存现金和银行存款业务的记账凭证，主要根据有关转账业务的原始凭证填制，是登记有关明细分类账和总分类账等账簿的依据。如图 1-18 所示为转账凭证模板。

① 转账凭证中“总账科日”栏和“明细科目”栏应填写应借、应贷的总账科目和明细科目。借方科目应记金额应在同一行的“借方”金额栏填列，贷方科目应记金额应在同一行的“贷方”金额栏填列。

②“借方”金额栏合计数与“贷方”金额栏合计数应相等。

③其他栏次的填写要求与收款凭证和付款凭证相同。

摘　要	总账科目	明细科目	借方										贷方										记账符号
			千	百	十	万	千	百	十	元	角	分	千	百	十	万	千	百	十	元	角	分	
		合计金额																					

转　账　凭　证
年　月　日　　　　转字第　　号
附凭证　　张

会计主管　　　记账　　　出纳　　　审核　　　制单

图 1-18　转账凭证

09 审核记账凭证从"五个是否"入手

为了保证会计信息的质量，在记账之前应由有关稽核人员对记账凭证进行严格的审核，审核内容主要是"五个是否"。

◆ 内容是否真实

比如，记账凭证是否有原始凭证为依据；所附原始凭证或记账凭证汇总表的内容与记账凭证的内容是否一致。

◆ 要素是否齐全

比如，记账凭证各项目的填写是否齐全，如日期、凭证编号、摘要、会计科目、金额、所附原始凭证张数以及有关人员签章等。

◆ 科目是否正确

比如，记账凭证的应借、应贷科目以及对应关系是否正确。

◆ 金额是否正确

比如，记账凭证所记录的金额与原始凭证的有关金额是否一致，计算是否正确。

◆ 书写是否正确

比如，记账凭证中的记录是否文字公正、数字清晰；错账是否按规定进行更正；出纳人员在办理收款或付款业务后，是否已在原始凭证上加盖"收讫"或"付讫"戳记等。

⑩ 妥善保管凭证，有效减少麻烦事儿

会计凭证的保管工作主要包括会计凭证记账后的整理、装订、归档和存查等工作。

（1）整理并装订成册

会计机构在依据会计凭证记账后，应定期（每天、每旬或每月）对各种会计凭证进行分类整理，按照编号顺序连同所附原始凭证一起加具封面和封底，装订成册，并在装订线上加贴封签。

会计凭证封面应注明单位名称、凭证种类、凭证张数、起止号数、年度、月份、会计主管人员和装订人员等有关事项，并且会计主管人员和保管人员要在封面上签章。

另外，会计凭证应加贴封条，防止凭证被抽换。

在整理会计凭证时，如果发现从外单位取得的原始凭证遗失，应取得原签发单位盖有公章的证明，并注明原始凭证的号码、金额和内容等，由经办单位会计机构负责人、会计主管人员和单位负责人批准后，才能代作原始凭证。如果确实无法取得证明的，如车票丢失，则应由当事人写明详情，由经办单位会计机构负责人、会计主管人员和单位负责人批准后，代作原始凭证。

（2）凭证的归档

原始凭证较多时，可单独装订，但应在凭证封面注明所属记账凭证的日期、编号和种类，同时在所属的记账凭证上注明"附件另订"及原始凭证的名称和编号，以便查阅。

对于押金收据、提货单以及各种需要随时查阅和退回的单据，应另编目录，单独保管，并在有关记账凭证和原始凭证上分别注明日期和编号。

（3）凭证的存查

企业的原始凭证不得外借，其他单位如有特殊原因确实需要使用时，经本单位会计机构负责人、会计主管人员批准，可以复制。向外单位提供的原始凭证复制件，应在专设的登记簿上登记，并由提供人员和收取人员共同签名或盖章。

（4）凭证的保管

企业每年装订成册的会计凭证，在年度终了时可暂由单位会计机构保管一年，

期满后应移交本单位档案机构统一保管；没有设立档案机构的，应在会计机构内部指定专人保管。

注意，出纳人员不得监管会计档案。

（5）凭证的销毁

相关人员应严格遵守会计凭证的保管期限要求，期满前不得任意销毁。

三、做账之后要登记账簿

这里的账簿是会计账簿的简称，它由一些具有一定格式的账页组成，是记录各项经济业务的簿籍，登记时要以经过审核的会计凭证为依据。不同类别的账簿或不同账页格式的账簿用途不同，本节就来认识企业经营过程中常见的账簿类型，以及登账后的一些工作。

⑪ 现金业务要日日登账

这里的"现金"主要包括库存现金和银行存款，企业经营管理过程中发生与库存现金和银行存款相关的经济业务时，需要逐日、逐笔登记账簿。这类账簿被称为日记账，也可以叫作序时账簿。

按照会计账簿的用途，可以将其划分为序时账簿、分类账簿和备查账簿三大类。其中，序时账簿要按照经济业务发生时间的先后顺序逐日、逐笔登记。

在我国企业、行政事业单位中应用比较广泛的序时账簿主要是库存现金日记账和银行存款日记账，也就是需要登记现金业务的账簿。通常，序时账簿由企业出纳人员登记。

（1）现金日记账

现金日记账是由出纳人员根据审核无误的现金收付款凭证，序时、逐笔登记的账簿。实际设计时，可以视情况再将其细分为现金收入日记账和现金付出日记账。常见的现金日记账账页格式，如图1-19所示。

（2）银行存款日记账

银行存款日记账是由出纳人员根据审核无误的银行存款收付款凭证，序时、逐笔登记的账簿。常见的银行存款日记账账页格式，如图1-20所示。

现 金 日 记 账

年		凭证		对方科目	摘要	收入（借方）									支出（贷方）									结余（余额）									核对
月	日	种类	号数			百	十	万	千	百	十	元	角	分	百	十	万	千	百	十	元	角	分	百	十	万	千	百	十	元	角	分	

图 1-19 现金日记账账页格式

银 行 存 款 日 记 账

开户行：
账 号：

年		凭证		对方科目	摘要	收入（借方）									支出（贷方）									结余（余额）									核对
月	日	种类	号数			百	十	万	千	百	十	元	角	分	百	十	万	千	百	十	元	角	分	百	十	万	千	百	十	元	角	分	

图 1-20 银行存款日记账账页格式

⑫ 分类账簿用处大，账户记录更明确

分类账簿是指按照分类账户设置登记的账簿。这类账簿是会计账簿的主体，也是编制财务报表的主要依据。根据账簿反映经济业务的详略程度，可以将分类账簿划分为总分类账簿和明细分类账簿。

总分类账簿简称总账，是根据总分类账户开设的，总括地反映某类经济活动的账簿。明细分类账簿简称明细账，是根据明细分类账户开设的，用来提供明细会计信息的核算资料。

总账通常采用三栏式，明细账通常采用三栏式和数量金额式。

拓展贴士 *会计账簿按照账页格式进行分类*

会计账簿按照账页格式进行分类，主要分为三栏式账簿、多栏式账簿、数量金额式账簿和横线登记式账簿。

> 三栏式账簿是设有"借方"、"贷方"和"余额"三个金额栏目的账簿，各种日记账、总账以及资本、债权、债务明细账都可以采用三栏式账簿。这类账簿又可以分为设对方科目和不设对方科目两种，区别就是在摘要栏和借方科目栏之间是否有"对方科目"栏，其中，不设对方科目的三栏式账簿的格式与总账的格式基本相同。
>
> 多栏式账簿是在账簿的"借方"和"贷方"两个金额栏目内按需要分设若干专栏的账簿。这类账簿可以按"借方"和"贷方"分设专栏，也可以只设"借方"或"贷方"专栏，设多少栏则根据需要确定。收入、成本、费用明细账通常采用多栏式账簿。
>
> 数量金额式账簿是在账簿的"借方"、"贷方"和"余额"三个栏目内，每个栏目再分设"数量"、"单价"和"金额"三个小栏，借以反映财产物资的实物数量和价值量的账簿。原材料、库存商品等明细账通常采用数量金额式账簿。
>
> 横线登记式账簿是将前后密切相关的经济业务在统一横线内进行详细登记，当经济业务发生时的一方进行登记后，与之相应的业务不管什么时候再发生，均在同一行次的另一方平行登记，以便检查每笔业务的完成和变动情况。实务中，这类账簿使用较少。

总账三栏式账簿账页格式，如图 1-21 所示。

图 1-21　总账三栏式（不设对方科目三栏式）账簿账页格式

不设对方科目的三栏式明细账簿账页格式，如图 1-22 所示。

图 1-22　不设对方科目的三栏式明细账簿账页格式

设对方科目的三栏式明细账簿账页格式，如图 1-23 所示。

						借 方									贷 方								借或贷	余 额								
年		记账凭证号数	对方科目	摘要	页数	百	十	万	千	百	十	元	角	分	百	十	万	千	百	十	元	角	分		百	十	万	千	百	十	元	角	分
月	日																																

明细账

图 1-23 设对方科目的三栏式明细账簿账页格式

多栏式明细账簿账页格式，如图 1-24 所示。

明细账

年		记账凭证号数	摘要	借 方			贷 方			借或贷	余 额
月	日			合 计	进项税额	已交税额	合 计	销项税额	进项税额转出		

图 1-24 多栏式明细账簿账页格式

数量金额式明细账簿账页格式，如图 1-25 所示。

明细账

存货仓名：_____ 规格：_____ 单位：_____

年		记账凭证号数	摘要	页数	收 入			发 出			结 存		
月	日				数量	单价	金 额	数量	单价	金 额	数量	单价	金 额

图 1-25 数量金额式明细账簿账页格式

横线登记式明细账簿账页格式，如图 1-26 所示。

		记账凭证号数		计量单位	发票数量	实收数量	借方			贷方	余额
年			摘要				明细账				
月	日						发票价格 十万千百十元角分	运杂费等 十万千百十元角分	合计 十万千百十元角分	十万千百十元角分	十万千百十元角分

图 1-26 横线登记式明细账簿账页格式

注意，总分类账簿与明细分类账簿要进行平行登记。平行登记是指对所发生的每项经济业务都要以会计凭证为依据，一方面记入有关总分类账户，另一方面记入所辖明细分类账户的方法。平行登记的要点有三个。

方向相同。在总分类账户及其所辖的明细分类账户中，登记同一项经济业务时，方向应相同，即在总分类账户中记入借方，在其所辖的明细分类账户中也应记入借方。

期间一致。发生的经济业务，记入总分类账户和所辖明细分类账户的具体时间可以有先后，但应在同一个会计期间记入。

金额相等。记入总分类账户的金额必须与计入其所辖的一个或多个明细分类账户的金额合计数相等。

⑬ 期末对账、结账工作不能少

对企业来说，财会人员在记账之后、结账之前（即月末）要进行对账工作。对账工作执行完毕后，才进行结账工作。

（1）对账

对账是对账簿记录进行的核对，即核对账目，更详细地说，是指在会计核算工作中，为了保证账簿记录正确、可靠，而对账簿的有关数据进行检查与核对的工作。

对账工作一般分为账证核对、账账核对和账实核对。

◆ 账证核对

账证核对指将账簿记录与会计凭证进行核对，主要核对账簿记录与原始凭证、记账凭证的时间、凭证字号、内容和金额等是否一致，记账方向是否相符等，由此做到账证相符。

◆ 账账核对

账账核对指在各类账簿之间进行的核对工作，具体包括四项核对内容，见表 1-6 所示。

表 1-6　账账核对的内容

核对内容	简　述
总分类账簿之间的核对	按照"资产＝负债＋所有者权益"这一会计等式和"有借必有贷、借贷必相等"原则，总分类账簿各账户的期初余额、本期发生额和期末余额之间存在对应平衡关系，各账户的期末借方余额和贷方余额合计也存在平衡关系，利用这种关系，可以检查总账记录是否正确、完整
总分类账簿与所辖明细分类账簿之间的核对	总分类账簿各账户的期末余额应与其所辖明细分类账户的期末余额之和核对相符
总分类账簿与序时账簿之间的核对	主要是库存现金总账和银行存款总账的期末余额，应与库存现金日记账和银行存款日记账的期末余额之间核对相符
明细分类账簿之间的核对	比如，会计机构有关实物资产的明细账，应与财产物资保管部门或使用部门的明细账定期核对，以检查余额是否相符。这类核对工作一般是由财产物资保管部门或使用部门定期编制收发结存汇总表，报会计机构核对

◆ 账实核对

账实核对指各项财产物资、债权债务等账面余额与实有数之间的核对，具体内容包括以下四点。

①库存现金日记账账面余额与现金实际库存数逐日核对是否相符。

②银行存款日记账账面余额与银行对账单余额定期核对是否相符。

③各项财产物资明细账账面余额与财产物资实有数额定期核对，看是否相符。

④有关债权、债务明细账账面余额与对方单位债权债务账面记录核对，看是否相符。

（2）结账

结账是将账簿记录定期结算清楚的一项会计工作。在一定时期结束时（如月末、季末或年末），企业为了编制财务会计报表，就需要进行结账。按照期限不同，可以分为月结、季结和年结。

结账的主要内容通常包括两项：一是结清各种损益类账户，据以计算确定本期利润；二是结出各资产、负债和所有者权益账户的本期发生额合计和期末余额。

①对于不需要按月结计本期发生额的账户，如各项应收、应付款明细账和各项财产物资明细账等，每次记账后都要随时结出余额，每月最后一笔余额就是月末余额。月末结账时，只需要在最后一笔经济业务记录下方通栏画单红线，不需要再次结计余额，如图1-27所示。

应收账款明细账

2×22年		凭证		对方科目	摘要	借方										贷方										余额										核对
月	日	种类	号数			百	十	万	千	百	十	元	角	分	百	十	万	千	百	十	元	角	分	百	十	万	千	百	十	元	角	分	
					承前页																				4	5	7	0	6	5	0		
3	1	记	8	主营业务收入	销售商品暂未收到款项			5	0	0	0	0	0	0											9	5	7	0	6	5	0		
3	2	记	15	应交税费	核算应缴纳增值税			6	5	0	0	0	0											1	0	2	2	0	6	5	0		
3	31	记	24	银行存款	收到商品货款												5	6	5	0	0	0	0		4	5	7	0	6	5	0		

图1-27 不需要按月结计本期发生额的账户月结

②库存现金、银行存款日记账和需要按月结计本期发生额的收入、费用等明细账，每月结账时，要在最后一笔经济业务记录下面通栏画单红线，结出本月发生额和余额，同时在"摘要"栏内注明"本月合计"字样，并在其下方通栏画单红线。现金日记账月结，如图1-28所示。

现 金 日 记 账

2×22年		凭证		对方科目	摘要	借方										贷方										余额										核对
月	日	种类	号数			百	十	万	千	百	十	元	角	分	百	十	万	千	百	十	元	角	分	百	十	万	千	百	十	元	角	分	
					承前页																				4	5	7	0	6	5	0		
3	6	记	8	银行存款	提取现金			5	0	0	0	0	0	0											9	5	7	0	6	5	0		
3	10	记	15	备用金	付张三借备用金												3	0	0	0	0	0	0		9	2	7	0	6	5	0		
3	18	记	24	差旅费	付李四报差旅费													7	9	7	0	0		9	1	9	0	9	5	0		
3					本月合计			5	0	0	0	0	0	0				3	7	9	7	0	0		9	1	9	0	9	5	0		

图1-28 现金日记账月结

③对于需要结计本年累计发生额的明细账户，在每月结账时，应在"本年合计"行下结出自年初起至当月末止的累计发生额，登记在月份发生额下面，同时在"摘

要"栏内注明"本年累计"字样，并在下方通栏画单红线。注意，12 月末的"本年累计"就是全年累计发生额，要在其下方通栏画双红线，表示年结。需要结计本年累计发生额的明细账户的月结，如图 1-29 所示。

主营业务收入

2×22年 月	日	凭证 种类	号数	摘要	借方 百十万千百十元角分	贷方 百十万千百十元角分	借或贷	余额 百十万千百十元角分	核对
				承前页	3 5 7 2 1 0 0 0	3 7 4 9 1 0 0 0	贷	1 7 7 0 0 0 0	
3	24	记	60	销售产品、收到部分货款		3 7 5 0 0 0 0	贷	2 1 4 5 0 0 0	
3	26	记	65	销售产品、款未收		3 0 0 0 0 0 0	贷	2 4 4 5 0 0 0	
3	29	记	69	销售产品、货款收存银行		1 2 0 0 0 0 0	贷	3 6 4 5 0 0 0	
3	31	记	81	结转本月收入	3 6 4 5 0 0 0		平		
3	31			本月合计	3 6 4 5 0 0 0	3 6 4 5 0 0 0	平		
				本年累计	3 9 3 6 6 0 0 0	3 9 3 6 6 0 0 0	平		

图 1-29　主营业务收入账户月结和结计本年累计发生额

④总账账户平时只需结出月末余额，年终结账时，要将所有总账账户结出全年发生额和年末余额，在"摘要"栏内注明"本年合计"字样，并在合计数下面通栏画双红线。现金日记账的年终结账，如图 1-30 所示。

现金日记账

2×21年 月	日	凭证 种类	号数	对方科目	摘要	借方 百十万千百十元角分	贷方 百十万千百十元角分	余额 百十万千百十元角分	核对
					承前页			4 5 7 0 6 5 0	
12	6	记	8	银行存款	提取现金	5 0 0 0 0 0 0		9 5 7 0 6 5 0	
12	10	记	15	备用金	付张三借备用金		3 0 0 0 0 0	9 2 7 0 6 5 0	
12	18	记	24	差旅费	付李四报差旅费		7 9 7 0 0	9 1 9 0 9 5 0	
12					本月合计	5 0 0 0 0 0 0	3 7 9 7 0 0	9 1 9 0 9 5 0	
12					本季合计	5 0 0 0 0 0 0	3 7 9 7 0 0	9 1 9 0 9 5 0	
					本年合计	5 0 0 0 0 0 0	3 7 9 7 0 0	9 1 9 0 9 5 0	

图 1-30　现金日记账年结

⑤年度终了结账时，有余额的账户应将其余额结转下年，并在"摘要"栏内注明"结转下年"字样，在下一会计年度新建有关账户的第一行"余额"栏内填写上年结转的金额，并在"摘要"栏内注明"上年结转"字样，使年末有余额账户的余额如实反映在账户中，以免混淆有余额的账户和无余额的账户。现金日记

账年末结转余额以及下一会计年度结转上年年末余额的处理，如图 1-31 所示。

现 金 日 记 账

2×21年 月	日	凭证 种类	凭证 号数	对方科目	摘要	借方									贷方									余额									核对
月	日	种类	号数			百	十	万	千	百	十	元	角	分	百	十	万	千	百	十	元	角	分	百	十	万	千	百	十	元	角	分	
					承前页																					4	5	7	0	6	5	0	
12	6	记	8	银行存款	提取现金			5	0	0	0	0	0	0												9	5	7	0	6	5	0	
12	10	记	15	备用金	付张三借备用金													3	0	0	0	0	0			9	2	7	0	6	5	0	
12	18	记	24	差旅费	付李四报差旅费														7	9	7	0	0			9	1	9	0	9	5	0	
12					本月合计			5	0	0	0	0	0	0				3	7	9	7	0	0			9	1	9	0	9	5	0	
12					本季合计			5	0	0	0	0	0	0				3	7	9	7	0	0			9	1	9	0	9	5	0	
					本年合计			5	0	0	0	0	0	0				3	7	9	7	0	0			9	1	9	0	9	5	0	
					结转下年																												

现 金 日 记 账

2×22年 月	日	凭证 种类	凭证 号数	对方科目	摘要	借方									贷方									余额									核对
月	日	种类	号数			百	十	万	千	百	十	元	角	分	百	十	万	千	百	十	元	角	分	百	十	万	千	百	十	元	角	分	
					上年结转																					9	1	9	0	9	5	0	
1	6	记	8	银行存款	提取现金			4	0	0	0	0	0	0											1	3	1	9	0	9	5	0	
1	10	记	15	备用金	付张三借备用金													2	0	0	0	0	0		1	2	9	9	0	9	5	0	
1	18	记	24	差旅费	付李四报差旅费														8	0	0	0	0		1	2	9	1	0	9	5	0	
					本月合计			4	0	0	0	0	0	0				2	8	0	0	0	0		1	2	9	1	0	9	5	0	

图 1-31　现金日记账年末结转余额和下年结转

⑭ 发现错账要用正确方法完成更正

财会人员在日常工作中记账，可能会因种种原因使账簿记录发生错误。而对于发生的账簿记录错误，应采用正确、规范的方法予以更正，不得涂改、挖补、刮擦或用药水消除字迹，也不得重新抄写。

根据错账的情形，可以将错账更正方法分为画线更正法、红字更正法和补充登记法三种。

（1）画线更正法

财会人员在结账前发现账簿记录有文字或数字错误，但记账凭证没有错误的，应采用画线更正法。更正时，可在错误的文字或数字上画一条红线，在红线上方填写正确的文字或数字，并由记账人员和会计机构负责人（会计主管人员）在更正处盖章，以明确责任。如图 1-32 所示。

现金日记账

2×22年 月	日	凭证 种类	凭证 号数	对方科目	摘要	借方	贷方	余额	检对
3					承前页			1 1 5 0 0 0 0	✓
3	3	记	005	管理费用	付办公室报购办公用品费		5 4 0 0 0	1 0 9 6 0 0 0	✓
3	5	记	007	主营业务收入	收到营业款	1 5 0 0 0 0 0		2 5 9 6 0 0 0	✓
3	7	记	010	银行存款	提现	3 0 0 0 0 0 0		5 5 9 6 0 0 0	✓
3	7	记	011	其他应收款	付赵英借备用金		2 0 0 0 0 0	5 3 9 6 0 0 0	✓
3	8	记	012	销售费用	付广告宣传费		2 5 0 0 0 0	5 1 4 6 0 0 0	✓
3	9	记	013	管理费用	付办公室报购办公用品费		1 3 8 0 0 0	5 0 0 8 0 0 0	✓
3	9	记		主营业务收入	收到营业款	2 4 0 0 0 0		5 2 4 8 0 0 0	✓
3	12	记	015	管理费用	付赵英报差旅费		1 5 0 0 0 0	5 2 3 3 0 0 0	✓
3	20	记	018	管理费用	付办公室报购通讯费		4 5 0 0 0	5 1 8 8 0 0 0	✓
3	20	记	018	应付职工薪酬	付职工生活费		1 0 0 0 0 0	5 0 8 8 0 0 0	✓
3	23	记	019	管理费用	付驾驶员车辆使用费		3 2 4 0 0	5 0 5 5 6 0 0	✓
3	25	记	021	其他应收款	垫付销售部赵勇医药费		2̶0̶0̶0̶0̶0̶ 王伍 2 0 0 0 0 0	4̶8̶5̶5̶6̶0̶0̶ 王伍 4 8 5 5 6 0 0	✓
3	31	记	024	管理费用	付10月水电费		2 5 9 5 0 0 王伍	4 5 9 6 1 0 0	✓
3	31	记	025	主营业务收入	收到营业款	5 6 0 0 0 0		5 1 5 6 1 0 0 王伍	✓
3					本月合计	5 3 0 0 0 0 0	1 2 9 3 9 0 0	5 1 5 6 1 0 0	

图 1-32 画线更正法

注意，更正时不得只划销错误数字，应将全部数字划销，并保持原有数字清晰可辨，以便审查。如图 1-32 中把"2 000.00"误记为"200.00"，应将错误数字"200.00"全部用红线划销后再写上正确数字"2 000.00"，而不是只划掉百位上的 2 并写成 0，再在千位上加写 2。

（2）红字更正法

红字更正法适用于如下所述的两种情形：

①记账后，发现记账凭证中应借、应贷会计科目有错误，而引起的记账错误。

②记账后，发现记账凭证和账簿记录中应借、应贷会计科目无误，只是所记金额大于应记金额而引起的记账错误。

第一种记账错误，更正方法为：用红字填制一张与原记账凭证完全相同的记账凭证，在"摘要"栏内写明"注销某月某日某号凭证"字样，并据以用红字登记入账，以示将错误登记的原记账凭证注销；然后用蓝字填制一张正确的记账凭证，并据以用蓝字登记入账，替代原来记账凭证。如图 1-33 所示为第一种红字更正法的错账及其对应的处理。

记 账 凭 证

2×22 年 3 月 10 日 　　　　　　　　字第 5 号

摘要	总账科目	明细科目	借方金额	贷方金额	
			千百十万千百十元角分	千百十万千百十元角分	附件
付赵某报购买办公用品费	管理费用	办公费	1 3 0 0 0 0		
付赵某报购买办公用品费	银行存款			1 3 0 0 0 0	2
	会计科目错误				张
合计（大写）壹仟叁佰元整			¥ 1 3 0 0 0 0	¥ 1 3 0 0 0 0	

会计主管　　　　　记账　　　　　　　出纳　　　　　　制单 张会计

记 账 凭 证

2×22 年 3 月 31 日 　　　　　　　　字第 85 号

摘要	总账科目	明细科目	借方金额	贷方金额	
			千百十万千百十元角分	千百十万千百十元角分	附件
付赵某报购买办公用品费	管理费用	办公费	1 3 0 0 0 0		
付赵某报购买办公用品费	银行存款			1 3 0 0 0 0	2
备注：注销2022年3月10日第5号凭证	红字填制完全一样的凭证				张
合计（大写）壹仟叁佰元整			¥ 1 3 0 0 0 0	¥ 1 3 0 0 0 0	

会计主管　　　　　记账　　　　　　　出纳　　　　　　制单 张会计

记 账 凭 证

2×22 年 3 月 31 日 　　　　　　　　字第 86 号

摘要	总账科目	明细科目	借方金额	贷方金额	
			千百十万千百十元角分	千百十万千百十元角分	附件
付赵某报购买办公用品费	管理费用	办公费	1 3 0 0 0 0		
付赵某报购买办公用品费	库存现金			1 3 0 0 0 0	2
备注：订正2022年3月10日第5号凭证	蓝字填制正确的凭证				张
合计（大写）壹仟叁佰元整			¥ 1 3 0 0 0 0	¥ 1 3 0 0 0 0	

会计主管　　　　　记账　　　　　　　出纳　　　　　　制单 张会计

图 1-33　记账凭证会计科目错误的红字更正法

第二种记账错误，更正方法为：按多记的金额用红字编制一张与原记账凭证应借、应贷科目完全相同的记账凭证，在"摘要"栏中写明"冲销某月某日某号凭证多记金额"，以冲销多记的金额，并据以用红字登记入账。第二种红字更正法的错账及其对应的处理，如图1-34所示。

记 账 凭 证

2×22 年 4 月 23 日 　　　　　字第 28 号

摘要	总账科目	明细科目	借方金额	贷方金额	附件
			千百十万千百十元角分	千百十万千百十元角分	
收到某企业欠款	银行存款		1 2 0 0 0 0 0		
收到某企业欠款	应收账款	某企业		1 2 0 0 0 0 0	2 张
会计科目无误，金额多记					
合计（大写）壹万贰仟元整			¥1 2 0 0 0 0 0	¥1 2 0 0 0 0 0	

会计主管　　　　　记账　　　　　出纳　　　　　制单

记 账 凭 证

2×22 年 4 月 30 日 　　　　　字第 49 号

摘要	总账科目	明细科目	借方金额	贷方金额	附件
			千百十万千百十元角分	千百十万千百十元角分	
收到某企业欠款	银行存款		1 0 8 0 0 0 0		
收到某企业欠款	应收账款	某企业		1 0 8 0 0 0 0	2 张
备注：冲销2×22年4月23日第5号凭证多记金额 红字冲销多记的金额					
合计（大写）壹万零捌佰元整			¥1 0 8 0 0 0 0	¥1 0 8 0 0 0 0	

会计主管　　　　　记账　　　　　出纳　　　　　制单

图 1-34　记账凭证多记金额的红字更正法

图 1-34 中，由于财会人员记账错误，把该笔经济业务的金额"1 200.00"元错记为"12 000.00"元，发生所记金额大于应记金额的错账，因此要按多记金额10 800.00 元（12 000.00−1 200.00）用红字填制一张与原记账凭证应借、应贷科目完全相同的记账凭证，并在"摘要"栏内做好备注说明。

（3）补充登记法

财会人员在结账后发现记账凭证和账簿记录中应借、应贷会计科目无误，只是所记金额小于应记金额的，此时应采用补充登记法进行更正。更正时，按少记的金额用蓝字填制一张与原记账凭证应借、应贷科目完全相同的记账凭证，并在"摘要"栏内写明"补记某月某日某号凭证少记金额"字样，以补充少记的金额，并据以用蓝字登记入账。

补充登记法的错账及其对应的处理，如图 1-35 所示。

记 账 凭 证

2×22 年 5 月 10 日   字第 32 号

摘要	总账科目	明细科目	借方金额									贷方金额									附件
			千	百	十	万	千	百	十	元	角	分	千	百	十	万	千	百	十	元	角	分	
付购买原料款	原材料					2	0	0	0	0	0												
付购买原料款	银行存款															2	0	0	0	0	0	
会计科目无误，金额少记																						附件 2 张
合计（大写）贰仟元整				¥	2	0	0	0	0	0		¥	2	0	0	0	0	0			

会计主管 ××   记账 ××   出纳 ××   制单 ××

记 账 凭 证

2×22 年 5 月 31 日   字第 65 号

摘要	总账科目	明细科目	借方金额									贷方金额									附件
			千	百	十	万	千	百	十	元	角	分	千	百	十	万	千	百	十	元	角	分	
付购买原料款	原材料				1	8	0	0	0	0	0											
付购买原料款	银行存款														1	8	0	0	0	0	0	
备注：补充2022年5月10日第32号凭证少记金额																						附件 2 张
蓝字补充少记的金额																						
合计（大写）壹万捌仟元整			¥	1	8	0	0	0	0	0		¥	1	8	0	0	0	0	0			

会计主管 ××   记账 ××   出纳 ××   制单 ××

图 1-35　记账凭证少记金额的补充登记法更正处理

图 1-35 中，由于财会人员记账错误，把该笔经济业务的金额"20 000.00"元错记为"2 000.00"元，发生所记金额小于应记金额的错账，因此要按少记金额 18 000.00 元（20 000.00－2 000.00）用蓝字填制一张与原记账凭证应借、应贷科目完全相同的记账凭证，并在"摘要"栏内做好备注说明。

至此，会计入门学习的基础知识就基本介绍完毕。在接下来的章节，将分别进入会计各要素的账务处理的分析。

第二章 明确资产，干活不迷茫

在前面的学习中，相信大家已经知道了资产能为企业带来经济利益，而且还是企业生产经营不可或缺的资源之一，也是企业的"底气"。因此，资产的账务处理必然是重点。明确资产是否入账、如何折旧、结构怎样，才能更好地运用资产为企业创造经济利益并实现经营价值。

- 流动资产跑一跑更健康
- 非流动资产用一用，经营更稳健

一、流动资产跑一跑更健康

企业的资产按照"活不活跃""流不流动""流动性大不大"进行划分，可分为流动资产和非流动资产。流动资产比较活跃，流动性大，是预计在一个正常营业周期内就可以变现、出售或耗用的资产，或者是从资产负债表日起一年内交换其他资产或清偿负债的能力不受限制的现金或现金等价物。正因为流动资产的变现能力强，能很好地解决企业的资金周转问题，所以流动资产对企业来说很重要。

⑴ 日常经营中现金怎么用

一个正常的营业周期是指企业从购买用于生产的资产起至实现现金或现金等价物的期间。它通常短于一年，在一年内可能会有 N 个营业周期。当然，也存在一个正常营业周期长于一年的特殊情况。另外，如果正常营业周期不能确定，应以一年（12 个月）为一个正常营业周期。

企业经营过程中，现金的使用较频繁，虽然账务处理不复杂，但现金的使用规则一定要牢记。根据我国《现金管理暂行条例》的规定，开户单位只可以在下列范围内使用现金。

①职工工资、各种工资性津贴。

②个人劳务报酬，包括稿费、讲课费和其他专门工作的报酬。

③支付给个人的各种奖金，包括根据国家规定颁发给个人的各种科学技术、文化艺术、体育等各种奖金。

④各种劳保、福利费以及国家规定的对个人的其他现金支出。

⑤收购单位向个人收购农副产品和其他物资支付的价款。

⑥出差人员必须随身携带的差旅费。

⑦结算起点以下的零星支出。

⑧确实需要现金支付的其他支出。比如因采购地点不确定、交通不便、抢险救灾以及其他特殊情况，办理转账结算不够方便，必须使用现金的开户单位，要向开户银行提出书面申请，由本单位财务部门负责人签字盖章，开户银行审查批准后，予以支付现金。

在企业经营过程中，现金的使用主要包括四方面，一是从银行提取现金，二是将现金存入银行，三是用银行存款收付结算，四是用现金收付结算。这里的现金包括库存现金和银行存款。

（1）从银行提取现金

公司成立之初，收到投资者投入的资金会存入银行账户。而经营过程中企业需要准备一定数量的库存现金，此时就可以从银行账户中提取现金到公司内部储存备用。

但储存在公司内部的库存现金有限额限制，一般是公司 3 ~ 5 天的日常零星开支所需的现金。不过，对于一些距离银行路程较远、交通不便的公司，其库存现金限额可以超过 5 天的零星开支所需的资金，但最长也不能超过 15 天。公司从银行提取现金的操作，如图 2-1 所示。

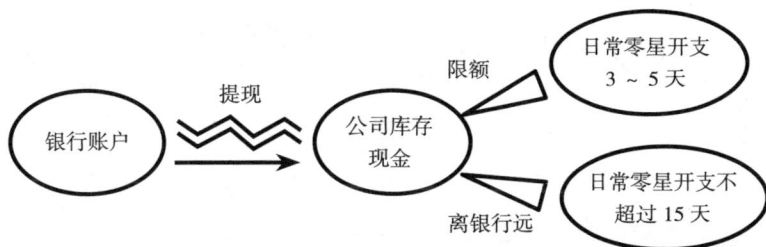

图 2-1 从银行提取现金

公司从银行提取现金，出纳人员收到银行付款通知单后，要将通知单交给公司财会部门，由财会人员填制记账凭证，涉及会计分录如下：

借：库存现金

　　贷：银行存款

如果公司在不同的银行都有银行结算账户，为了明确从哪一个银行的结算账户提现，通常需要在"银行存款"科目下设置明细科目，如从中国工商银行提现，贷方科目记为"银行存款——工商银行"科目。

实例分析

出纳从公司银行账户提取 1 000.00 元现金

某公司出纳人员李某为了补充库存现金，从银行提取现金 1 000.00 元，并存入公司的保险柜，当天收到银行发来的付款通知单，将其交给财务部，财会人员根据付款通知单填制记账凭证，编制如下会计分录：

借：库存现金   1 000.00
  贷：银行存款   1 000.00

（2）将现金存入银行

公司开展经营活动，难免会在交易过程中收到客户支付的现金货款，这种情况就可能使公司内部备用的库存现金超过限额，而超过限额的部分就需要及时存入银行账户其过程如图 2-2 所示。

图 2-2 将现金存入银行

公司出纳人员要将超过公司库存现金限额的现金及时存入银行账户，待收到银行发来的收款通知单后，将通知单交给财会部门，由财会人员据以填制记账凭证，涉及会计分录如下：

借：银行存款
  贷：库存现金

同理，如果公司在不同的银行都有银行结算账户，为了明确现金存入的是哪一个银行的结算账户，就要在"银行存款"科目下设置明细科目，如将超过库存现金限额的现金存入建设银行账户，借方科目记为"银行存款——建设银行"科目。

实例分析

出纳将多余 800.00 元现金存入银行

某公司出纳人员章某发现保存在保险柜中的现金超过了本公司的库存现金限额，于是将多出的 800.00 元现金存入银行，当天收到银行发来的收款通知单，将其交给财务部，财会人员根据收款通知单填制记账凭证，编制如下会计分录：

借：银行存款   800.00
  贷：库存现金   800.00

（3）用现金收付结算

对于公司来说，用现金进行收付结算的情况比较受限，具体参考前述内容中的现金使用范围。

比如，以现金方式向临时工支付工资，此时出纳人员从保险柜中取现金发给临时工，同时填制现金付款凭证，将该凭证交给公司财务部。该事项涉及的会计分录如下：

借：应付职工薪酬——工资、奖金、津贴和补贴

　　贷：库存现金

如果以银行存款向临时工支付工资，则贷方科目就应记为"银行存款"科目。

又比如，公司向客户销售产品，收到客户支付的现金货款，此时出纳人员需要先将现金存入公司保险柜，并填制现金收款凭证，将该凭证交给公司财务部。该交易涉及的会计分录如下（这里暂不考虑增值税问题）：

借：库存现金

　　贷：主营业务收入

当收到现金营业款后，出纳人员发现现金实有数超过本公司库存现金限额，就需要执行"将现金存入银行"的操作，同时做好相关账务处理和记录。

⑫ 业务活动中货款多用银行存款结算

由于公司与公司之间的交易涉及的金额较大，因此很少会直接以现金形式进行结算，更多的是通过银行转账结算。

（1）采购原材料用银行存款付讫

对于生产性公司来说，生产产品必然需要进购原材料，通过加工原材料形成最终的产品。在采购原材料时，公司当然需要向供应商支付货款，常见的支付方式为银行转账。

当公司财会部门收到银行开出的付款通知单时，就要根据业务情况填制银行存款付款凭证，涉及的会计分录如下：

借：原材料

　　应交税费——应交增值税（进项税额）

　　贷：银行存款

注意，如果企业没有收到增值税专用发票，则不能单独核算增值税进项税额，而应将相应的税款计入原材料的采购成本。

换句话说，此时会计分录中借方不应有"应交税费"科目。

实例分析

公司采购原材料用银行存款支付 8.30 万元

2×22 年 3 月 30 日，某公司向供应商采购一批原材料甲，当天收到供应商开具的增值税专用发票，注明税率 13% 和税额 10 790.00 元，不含税价款 83 000.00 元。当天出纳人员就通知银行付款，并收到银行开具的付款通知单。根据该通知单，出纳人员填制银行存款付款凭证，涉及会计分录如下：

借：原材料——甲材料　　　　　　　　　　　83 000.00

应交税费——应交增值税（进项税额）　　10 790.00

贷：银行存款　　　　　　　　　　　　　　　　93 790.00

如果该公司从供应商处收到的是增值税普通发票，其他事项处理相同，但涉及的会计分录不同。

借：原材料——甲材料　　　　　　　　　　　93 790.00

贷：银行存款　　　　　　　　　　　　　　　　93 790.00

如果上述案例中，公司当天未付款，但当天又需要做账，此时就不再使用"银行存款"科目核算，而应该使用"应付账款"科目核算；如果公司当天向供应商提供了商业汇票，则应使用"应付票据"科目核算。

由于这两种情形都会涉及负债类科目，此处就不做详解，相关内容可参考本书第三章。

当然，实务中公司还可能因为向员工发放工资而使用银行存款付讫，或者是缴纳相关税费用银行存款付讫等，这些也都可以参考本书第三章的相关账务处理介绍。

（2）销售商品收到对方的银行转账

不管是生产性企业还是商业流通企业，在销售活动中很多都采用银行转账方式收款。当公司财会部门收到银行开出的收款通知单时，就要根据业务实际情况填制银行存款收款凭证，涉及的会计分录如下：

借：银行存款

　　贷：主营业务收入

　　　　应交税费——应交增值税（销项税额）

注意，因为企业销售产品获得的收入，是日常活动产生的，所以用"主营业务收入"科目核算。如果是由日常活动有关的其他业务产生，则用"其他业务收入"科目核算；如果是非日常活动产生的收入，用"营业外收入"或其他收益科目核算。具体处理见本书第五章的内容。

如果上述案例中公司当天没有收到客户的货款，当天又需要对销售业务记账，此时就不再使用"银行存款"科目核算，而应该使用"应收账款"科目核算。如果当天收到了客户提供的商业汇票，则应使用"应收票据"科目核算。

实例分析

公司对外出售一批产品收到对方的银行转账

2×22年3月31日，某公司向客户出售一批产品，不含税价值6.50万元，并向客户开出增值税专用发票，注明税率13%和税额8 450.00元。当天出纳人员收到银行发来的收款通知，及时填制了银行存款收款凭证，涉及的会计分录如下：

借：银行存款　　　　　　　　　　　73 450.00

　　贷：主营业务收入　　　　　　　　65 000.00

　　　　应交税费——应交增值税（销项税额）　8 450.00

⑬ 客户赊账计应收，提前付款计预付

在企业的流动资产行列，除了有现金和银行存款，还有应收账款、应收票据和预付账款等。

（1）应收账款和应收票据

应收账款是指企业因销售商品、提供劳务等经营活动，应向购货单位或接受劳务单位收取而暂时未收到的款项，主要包括企业销售商品或提供劳务等应向有关债务人收取的价款及代购货单位垫付的包装费、运杂费等。

应收票据是指企业因销售商品、提供劳务等经营活动，从购货单位或接受劳务单位收到的商业汇票。注意，商业汇票的付款期限最长不得超过6个月。

实例分析

销售商品当天暂未收到款项

某公司为增值税一般纳税人，采用托收承付结算方式向客户（为增值税一般纳税人）销售一批商品，开具的增值税专用发票上注明的价款为32 000.00元，增值税税额为4 160.00元，已办理托收手续。该公司财会人员应编制如下会计分录：

借：应收账款　　　　　　　　　　　　　　　36 160.00
　　贷：主营业务收入　　　　　　　　　　　32 000.00
　　　　应交税费——应交增值税（销项税额）　4 160.00

公司实际收到货款时，应编制如下会计分录：

借：银行存款　　　　　　　　　　　　　　　36 160.00
　　贷：应收账款　　　　　　　　　　　　　36 160.00

如果该公司采用一般销售方式，当天收到客户交来的商业承兑汇票一张，面值36 160.00元，用以支付货款。销售方公司的财会人员应编制如下会计分录：

借：应收票据　　　　　　　　　　　　　　　36 160.00
　　贷：主营业务收入　　　　　　　　　　　32 000.00
　　　　应交税费——应交增值税（销项税额）　4 160.00

（2）预付账款

预付账款是指企业按照合同规定预付的款项。企业应设置"预付账款"科目，借方登记预付的款项及补付的款项，贷方登记收到所购货物时根据有关发票或账单记入"原材料"等科目的金额和收回多付款项的金额。

期末余额如果在借方，则表示企业实际预付的款项。

期末余额如果在贷方，则表示企业应付或应补付的款项。

预付款项发生不多的企业，可以不设置"预付账款"科目，而是将预付的款项通过"应付账款"科目核算。

实例分析

公司采购原材料预先支付 50% 货款

某公司为增值税一般纳税人，向同为增值税一般纳税人的供应商采购原材料，不含税价格 3.50 万元，收到的增值税专用发票上注明税额为 4 550.00 元。公司按照合同规定向供应商预付价款的 50%，验收货物后补付剩余款项。

那么，从公司采购原材料并预付价款，到支付剩下的款项，财会人员需要编制如下会计分录：

①公司预付价款的 50%，预付金额为 1.75 万元（35 000×50%）。

借：预付账款——××公司　　　　　　　17 500.00

　　贷：银行存款　　　　　　　　　　　　17 500.00

②收到供应商发来的原材料，验收无误。收到的增值税专用发票确认增值税进项税额，同时补付剩余款项，补付金额为 22 050.00 元（35 000.00+4 550.00−17 500.00）。

借：原材料　　　　　　　　　　　　　　35 000.00

　　应交税费——应交增值税（进项税额）　4 550.00

　　贷：预付账款——××公司　　　　　　39 550.00

借：预付账款——××公司　　　　　　　22 050.00

　　贷：银行存款　　　　　　　　　　　　22 050.00

---

⑭ 存货核算要分清，种类繁多别记混

存货是企业在日常活动中持有以备出售的产品或商品、处在生产过程中的在产品、在生产过程或提供劳务过程中耗用的材料或物料等。具体包括的内容见表 2-1。

表 2-1　会计核算中的存货类型

类　　型	简要介绍
原材料	指企业在生产过程中经加工改变其形态或性质并构成产品主要实体的各种原料及主要材料、辅助材料、外购半成品、修理用备件和燃料等
在产品	指企业正在制造但尚未完工的生产物，包括正在各个生产工序加工的产品和已加工完毕但尚未检验或已检验但尚未办理入库手续的产品
半成品	指经过一定生产过程并已检验合格交付半成品仓库保管，但尚未制造完工成为产成品，仍需要进一步加工的中间产品
产成品	指企业已经完成全部生产过程并已验收入库，可以按照合同约定的条件送交订货单位，或者可以作为商品对外销售的产品。注意，企业接受来料加工制造的代制品和为外单位加工修理的代修品，在制造和修理完成验收入库后，应视同企业的产成品
商品	指商品流通企业外购或委托加工完成验收入库待售的各种商品
包装物	指为了包装本企业的商品而储备的各种包装容器，如桶、瓶、坛、箱和袋等
低值易耗品	指企业不能作为固定资产核算的各种用具、物品，如工具、管理用具、玻璃器皿、劳动保护用品等，特点是单位价值低，在多次使用过程中能保持其原有实物形态基本不变
委托代销商品	指企业委托其他单位代销的商品

在核算存货时，其采购成本包括购买价款、相关税费、运输费、装卸费、保险费和其他可以归属于存货成本的费用。其中，相关税费是指企业购买存货发生的进口关税、消费税、资源税和不能抵扣的增值税进项税额，以及相应的教育费附加等；其他可归属于存货成本的费用主要是指在存货采购过程中发生的仓储费、包装费、运输途中的合理损耗以及入库前的挑选整理费用等。而采购过程中发生的可以抵扣的增值税进项税额，需要通过"应交税费"科目单独核算。

实务中比较常见的存货核算主要有原材料、包装物、低值易耗品、委托加工物资和库存商品。其中，包装物和低值易耗品均通过"周转材料"科目进行核算。

（1）周转材料

周转材料是企业能够多次使用，不符合固定资产定义，其价值逐渐转移但仍然保持原有形态，不确认为固定资产的材料。根据包装物使用情形不同，其价值确认处理也会不同。

①生产过程中用于包装产品并作为产品组成部分的包装物，其价值计入产品成本。

②随同商品出售而不单独计价的包装物，其价值计入销售费用。

③随同商品出售并单独计价的包装物，视同销售包装物，确认包装物的销售收入并结转对应的成本。

④出租或出借给购买单位使用的包装物，确认其他业务收入，但不结转其他业务成本。

生产领用包装物时，按照领用包装物的实际成本，借记"生产成本"科目；按照领用包装物的计划成本，贷记"周转材料——包装物"科目；按借贷方差额，借记或贷记"材料成本差异"科目。当然，如果不采用计划成本法核算，就不会涉及"材料成本差异"科目。

无论是生产领用包装物，还是随同商品出售的包装物，都表示包装物减少，因此，科目在贷方。

核算低值易耗品时，主要采用分次摊销法，按照使用次数分次计入成本费用。金额较小的，可在领用时一次计入成本费用，即一次摊销法。注意，在采用分次摊销法核算时，使用的会计科目比较复杂，如"周转材料——低值易耗品——在用""周转材料——低值易耗品——在库"和"周转材料——低值易耗品——摊销"等明细科目。

实例分析

核算公司的周转材料

【例1】

某公司为增值税一般纳税人，对包装物采用实际成本核算，某月生产产品领用包装物的成本为 2.00 万元，财会人员应编制如下会计分录：

借：生产成本 20 000.00
　　贷：周转材料——包装物 20 000.00

【例2】

某公司为增值税一般纳税人，对包装物采用实际成本核算，某月销售商品领用不单独计价，包装物的成本为 2.80 万元，财会人员应编制如下会计分录：

借：销售费用 28 000.00
　　贷：周转材料——包装物 28 000.00

【例3】

某公司为增值税一般纳税人，对包装物采用实际成本核算，某月销售商品领用单独计价包装物的成本为 2.80 万元，销售收入为 3.50 万元，取得增值税专用发票，注明增值税税额 4 550.00 元，款项已全部存入银行。财会人员应编制如下会计分录：

① 出售单独计价包装物。

借：银行存款　　　　　　　　　　　　　　　39 550.00

　　贷：其他业务收入　　　　　　　　　　　　　35 000.00

　　　　应交税费——应交增值税（销项税额）　　 4 550.00

②结转所售单独计价包装物的成本。

借：其他业务成本　　　　　　　　　　　　　28 000.00

　　贷：周转材料——包装物　　　　　　　　　　28 000.00

【例4】

某公司为增值税一般纳税人，对低值易耗品采用实际成本核算，某月基本生产车间领用专用工具一批，实际成本为 6.00 万元，不符合固定资产定义，采用分次摊销法进行摊销。该专用工具的估计使用次数为两次，财会人员需要编制如下会计分录：

①领用专用工具时。

借：周转材料——低值易耗品——在用　　　 60 000.00

　　贷：周转材料——低值易耗品——在库　　　 60 000.00

②第一次领用时摊销一半价值。

借：制造费用　　　　　　　　　　　　　　30 000.00

　　贷：周转材料——低值易耗品——摊销　　　30 000.00

③第二次领用时摊销剩余一半价值。

借：制造费用　　　　　　　　　　　　　　30 000.00

　　贷：周转材料——低值易耗品——摊销　　　30 000.00

同时在摊销与在用之间冲账。

借：周转材料——低值易耗品——摊销　　　 60 000.00

　　贷：周转材料——低值易耗品——在用　　　 60 000.00

（2）委托加工物资

委托加工物资是企业委托外单位加工的各种材料、商品等，这类存货的成本包括加工中实际耗用物资的成本、支付的加工费用以及应负担的运杂费和税费等。

"委托加工物资"科目借方登记委托加工物资的实际成本，贷方登记加工完成验收入库的物资的实际成本和剩余物资的实际成本。下面通过一个实际案例来看看委托加工物资的账务处理。

实例分析

核算公司的委托加工物资

某公司对材料采用实际成本核算，某月委托某工厂加工一批化妆品，发出材料的成本为 7.20 万元，以银行存款支付相关运费 1 200.00 元，增值税专用发票上注明税额 108.00 元，另以银行存款支付这些化妆品的加工费 4.00 万元，增值税专用发票上注明税额 5 200.00 元。已知代加工公司代收代缴消费税 6 000.00 元，加工完成后验收入库待售。财会人员需编制如下会计分录：

①发出材料物资时。

借：委托加工物资　　　　　　　　　　　　72 000.00

　　贷：原材料　　　　　　　　　　　　　　　72 000.00

②支付运费和加工费。

借：委托加工物资　　　　　　　　　　　　　1 200.00

　　应交税费——应交增值税（进项税额）　　108.00

　　贷：银行存款　　　　　　　　　　　　　　1 308.00

由于加工后的化妆品验收入库直接待售，因此化妆品加工费对应的消费税直接计入委托加工物资的成本。

借：委托加工物资　　　　　　　　　　　　46 000.00

　　应交税费——应交增值税（进项税额）　　5 200.00

　　贷：银行存款　　　　　　　　　　　　　51 200.00

③加工完成验收入库待售。

库存商品入账价值 =72 000.00+1 200.00+46 000.00=119 200.00（元）

借：库存商品　　　　　　　　　　　　　119 200.00

贷：委托加工物资　　　　　　　　　　　119 200.00

如果委托加工物资收回后用于连续生产，则对应的消费税应单独核算。此时加工费的账务处理如下：

借：委托加工物资　　　　　　　　　　　40 000.00

应交税费——应交增值税（进项税额）　　5 200.00

　　　　——应交消费税　　　　　　　　6 000.00

贷：银行存款　　　　　　　　　　　　　51 200.00

（3）库存商品

库存商品是企业完成全部生产过程并已验收入库、符合标准规格和技术条件，可以按照合同约定条件送交订货单位，或可以作为商品对外销售的产品以及外购或委托加工完成验收入库用于销售的各种商品。

实例分析

公司产成品验收入库与对外销售的账务处理

某公司当月已验收入库 X 产品 500 件，实际单位成本 150.00 元，共计 75 000.00 元。当月实现销售的 X 产品共 420 件，核算库存商品及销售成本。这里只考虑成本问题，不考虑收入和税费。

①产成品入库确认库存商品。

借：库存商品——X产品　　　　　　　　75 000.00

贷：生产成本——X产品　　　　　　　　75 000.00

②销售商品，结转销售成本。

借：主营业务成本　　　　　　　　　　　63 000.00

贷：库存商品——X产品　　　　　　　　63 000.00

⑤ 存货放久了，减值怎么办

由于市场不断变化，存货在市场中被认可的价值也在不断改变。因此，为了反映和监督存货的实际价值，财会部门在会计期末应按照成本与可变现净值孰低进行计量，由此就需要对存货计提跌价准备。

这里的"成本"是指期末存货的实际成本，"可变现净值"是指在日常活动中，存货的估计售价减去至完工时估计将要发生的成本、估计的销售费用和估计的相关税费后的金额，用简单计算公式表示如下：

存货可变现净值＝存货估计售价－至完工时估计将要发生的成本－估计的销售费用－估计的相关税费

在计提存货跌价准备的过程中，需要设置"存货跌价准备"科目，贷方登记计提的存货跌价准备金额，借方登记实际发生的存货跌价损失金额和转回的存货跌价准备金额，期末余额一般在贷方，反映企业已经计提但尚未转销的存货跌价准备。

实例分析

为公司存货计提跌价准备

2×21年12月31日，某公司 Y 商品的账面余额（成本）为 110 000.00 元，由于市场价格下跌，预计可变现净值为 95 000.00 元，由此应计提的存货跌价准备为 15 000.00 元（110 000.00-95 000.00）。假设该商品以前未计提存货跌价准备，则财会人员需编制如下会计分录：

借：资产减值损失——计提的存货跌价准备 15 000.00
　　贷：存货跌价准备 15 000.00

假设2×22年3月31日，Y商品的账面余额（成本）为110 000.00元，已计提存货跌价准备金额15 000.00元。此时市场价格回升，使得Y商品的预计可变现净值为105 000.00元，本来应计提的存货跌价准备为5 000.00元（110 000.00-105 000.00），但前期已经计提了15 000.00元，实际上还多计提了10 000.00元，则需要将多计提的10 000.00元转回，财会人员编制会计分录如下：

借：存货跌价准备 10 000.00
　　贷：资产减值损失——计提的存货跌价准备 10 000.00

⑥ 应收款项可能减值，坏账准备少不了

应收款项主要包括应收账款、其他应收款和长期应收款等，这些款项可能会因为购货人拒付、破产或者死亡等情况而无法收回，无法收回的应收款项就是坏账。企业因坏账而遭受的损失称为坏账损失或者减值损失。

为了准确核算应收款项的账面价值，企业应在资产负债表日对应收款项进行评估，发生减值的，应将减值的金额确认为减值损失，同时计提坏账准备。

应收款项的减值有两种核算方法，一是直接转销法，二是备抵法。我国企业会计准则规定，应收款项的减值核算只能采用备抵法，不得采用直接转销法。

备抵法是采用一定的方法按期估计坏账损失，计入当期损益，同时建立坏账准备，待坏账实际发生时，冲销已计提的坏账准备和相应的应收款项。采用这种方法可以使财务报表使用者了解企业应收款项预期可收回的金额或真实的财务状况。

企业应设置"坏账准备"科目，核算应收款项的坏账准备计提、转销等情况。该科目贷方登记当期计提的坏账准备、收回已转销的应收账款而恢复的坏账准备，借方登记实际发生的坏账损失金额和冲减的坏账准备金额，期末贷方余额反映企业已计提但尚未转销的坏账准备。

在计算当期应计提的坏账准备时，需要用到下列计算公式：

当期应计提的坏账准备 = 当期按应收款项计算应提坏账准备金额 − 前期已计提的坏账准备金额

实例分析

用备抵法核算企业的坏账准备

2×21 年 12 月 31 日，某公司应收 A 公司的账款余额共有 23.40 万元，该公司根据企业会计准则确定应计提坏账准备的金额为 23 400.00 元（应收账款的 10%，不是硬性规定）。此时财会人员需编制如下会计分录：

借：信用减值损失——计提的坏账准备　　　23 400.00
　　贷：坏账准备　　　　　　　　　　　　　　　23 400.00

2×22年3月对A公司的应收账款实际发生坏账损失13 400.00元，该公司财会人员应编制如下会计分录。注意，企业确实无法收回的应收款项，按管理权限报经批准后作为坏账转销，冲减已计提的坏账准备。

借：坏账准备　　　　　　　　　　　　　　　13 400.00
　　贷：应收账款　　　　　　　　　　　　　　　　13 400.00

假设该公司2×22年12月31日应收A公司的账款余额变为了28.00万元，则公司对该应收账款应计提28 000.00元坏账准备，即"坏账准备"科目应保持贷方余额为28 000.00元。然而，经前期计提坏账准备，公司"坏账准备"科目的实际余额为贷方10 000.00元（23 400.00-13 400.00），所以，公司2×22年末应补提坏账准备金额18 000.00元（28 000.00-10 000.00）。

借：信用减值损失——计提的坏账准备　　　　18 000.00
　　贷：坏账准备　　　　　　　　　　　　　　　　18 000.00

如果2×22年4月收回A公司已作坏账转销的应收账款13 400.00元，款项已存入银行。此时应按实际收到的金额增加坏账准备的账面余额。

借：应收账款　　　　　　　　　　　　　　　13 400.00
　　贷：坏账准备　　　　　　　　　　　　　　　　13 400.00
借：银行存款　　　　　　　　　　　　　　　13 400.00
　　贷：应收账款　　　　　　　　　　　　　　　　13 400.00

二、非流动资产用一用，经营更稳健

在企业的所有资产中，除了流动资产，其他的都是非流动资产。非流动资产主要是一些生产用机器、办公设备、厂房等固定资产和知识产权、非专利技术等无形资产。这类资产相当于企业的"脚"，可以让企业在市场中站稳脚跟。

07 要想工作效率高，固定资产来帮忙

固定资产是同时具有某些特征的有形资产，它首先是要有实物形态的资产，然后还要符合下列两个条件。

①为生产商品、提供劳务、出租或经营管理而持有。
②使用寿命超过一个会计年度。

企业的固定资产种类繁多、规格不一，为了加强管理，便于组织会计核算，有必要对其进行科学合理的分类。常见的分类依据是固定资产的经济用途，具体

分为生产经营用固定资产和非生产经营用固定资产，如图 2-3 所示。

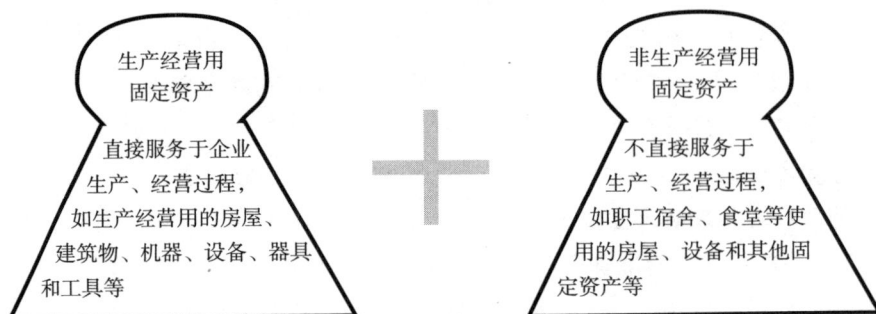

图 2-3　固定资产按经济用途分类

为了反映和监督企业固定资产的取得、计提折旧和处置等情况，一般需要设置"固定资产""累计折旧""在建工程""工程物资"以及"固定资产清理"等科目。这些科目的核算处理如图 2-4 所示。

图 2-4　核算固定资产科目

实例分析

取得生产设备的账务处理

2×22年4月1日，某公司购入一台不需要安装即可投入使用的生产设备，取得的增值税专用发票上注明价款300 000.00元，增值税税额为39 000.00元，另支付包装费并取得增值税专用发票，注明包装费800.00元，增值税税额104.00元，款项以银行存款支付。

固定资产的入账成本包括买价和包装费，即300 800.00元（300 000.00+800.00）。

借：固定资产——生产设备　　　　　　　　300 800.00

应交税费——应交增值税（进项税额）　　39 104.00

贷：银行存款　　　　　　　　　　　　339 904.00

如果公司购入的生产设备需要安装才能投入使用，支付安装费并取得增值税专用发票，注明安装费2 000.00元，增值税税额180.00元，款项也均以银行存款支付。

①购入生产设备时，设备的成本包括买价和包装费共300 800.00元。同时，因为设备需要安装后才能投入使用，所以刚购进还未安装时，应先通过"在建工程"科目进行过渡核算。

借：在建工程——生产设备　　　　　　　　300 800.00

应交税费——应交增值税（进项税额）　　39 104.00

贷：银行存款　　　　　　　　　　　　339 904.00

②支付安装费。

借：在建工程　　　　　　　　　　　　　　2 000.00

应交税费——应交增值税（进项税额）　　180.00

贷：银行存款　　　　　　　　　　　　2 180.00

③设备安装完毕投入使用，确定固定资产，入账成本共302 800.00元（300 800.00+2 000.00）。

借：固定资产——生产设备　　　　　　　　302 800.00

贷：在建工程　　　　　　　　　　　　302 800.00

⑧ 机器设备用过就耗损，折旧一定要计提

机器设备、办公设备等固定资产在使用过程中不断损耗，使其价值不断减少。为了体现固定资产不断减少的价值，就需要对固定资产计提折旧。企业应在固定资产的使用寿命内，按照确定的方法对应计折旧额进行系统分摊。应计折旧额用下列计算公式计算：

应计折旧额 = 应计提折旧的固定资产的原价 − 其预计净残值 − 已经计提的固定资产减值准备累计金额（有就减）

注意，企业当月增加的固定资产，当月不计提折旧，下月开始计提折旧。当月减少的固定资产，当月仍然要计提折旧，下月开始不再计提折旧。当然这里也有一些特殊情况，如下所述。

①已经提足折旧但仍然继续使用的固定资产，不计提折旧。

②单独计价入账的土地，不计提折旧。

③提前报废的固定资产，从报废之日起不再补提折旧。

④已达到预定可使用状态但尚未办理竣工决算的固定资产，应按照估计价值确定其成本，并计提折旧；待办理竣工决算后，再按实际成本调整原来的暂估价值，但不需要调整原来已计提的折旧额。

固定资产的折旧方法主要有四种，如图 2-5 所示。

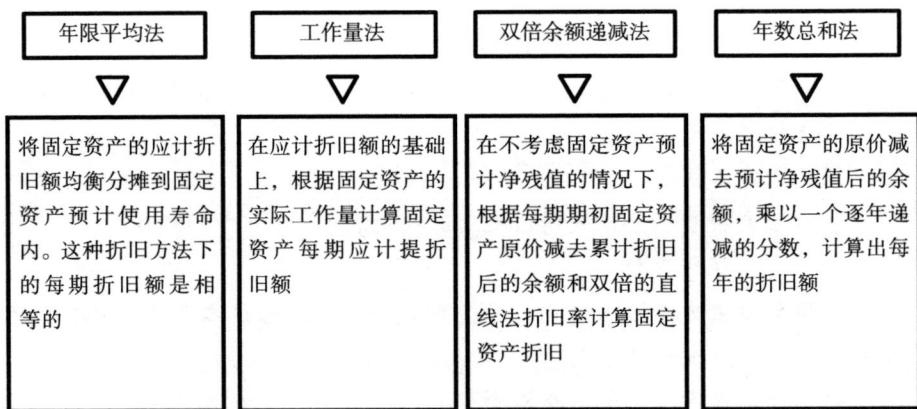

年限平均法	工作量法	双倍余额递减法	年数总和法
将固定资产的应计折旧额均衡分摊到固定资产预计使用寿命内。这种折旧方法下的每期折旧额是相等的	在应计折旧额的基础上，根据固定资产的实际工作量计算固定资产每期应计提折旧额	在不考虑固定资产预计净残值的情况下，根据每期期初固定资产原价减去累计折旧后的余额和双倍的直线法折旧率计算固定资产折旧	将固定资产的原价减去预计净残值后的余额，乘以一个逐年递减的分数，计算出每年的折旧额

图 2-5　固定资产的折旧方法

①年限平均法需要用到的计算公式。

年折旧率 = （1− 预计净残值率）÷ 预计使用寿命（年）

年折旧额 =（固定资产原价 − 预计净残值）÷ 预计使用寿命（年）

月折旧率 = 年折旧率 ÷12

月折旧额 = 固定资产原价 × 月折旧率

②工作量法需要用到的计算公式。

单位工作量折旧额 =[固定资产原价 ×（1− 预计净残值率）]÷ 预计总工作量

某项固定资产月折旧额 = 该项固定资产当月工作量 × 单位工作量折旧额

③双倍余额递减法需要用到的计算公式。

年折旧率 =2÷ 预计使用寿命（年）×100%

年折旧额 = 每个折旧年度年初固定资产账面净值 × 年折旧率

固定资产账面净值 = 固定资产原价 − 累计折旧

月折旧额 = 年折旧额 ÷12

注意，采用双倍余额递减法计提固定资产折旧时，一般会在固定资产使用寿命到期前两年内，将固定资产账面净值扣除预计净残值后的余额平均摊销。

④年数总和法需要用到的计算公式。

年折旧率 =（预计使用寿命 − 已使用年限）÷[预计使用寿命 ×（预计使用寿命 +1）÷2]×100%

年折旧额 =（固定资产原价 − 预计净残值）× 年折旧率

月折旧额 = 年折旧额 ÷2

下面通过一个简单的例子，了解常用的年限平均法计提固定资产折旧。

实例分析

采用年限平均法计提固定资产的折旧

2×22 年 4 月，某公司购入一幢厂房，原价 480.00 万元，预计可使用 20 年，预计报废时的净残值率为 2%。5 月该厂房应计提折旧多少？账务处理是怎样的？

年折旧率 =（1−2%）÷20×100%=4.9%

月折旧率 =4.9%÷12×100%=0.41%

月折旧额 =4 800 000.00×0.41%=19 680.00（元）

借：制造费用   19 680.00

     贷：累计折旧   19 680.00

⑨ 固定资产处置时该怎么核算账目

固定资产处置即固定资产的终止确认，大致包括固定资产的出售、报废、毁损、对外投资、非货币性资产交换和债务重组等。

企业处置固定资产均通过"固定资产清理"科目进行核算，最后再将"固定资产清理"科目的余额转入"资产处置损益""营业外收入"或"营业外支出"等科目，具体转入哪里，视情况而定。

处置过程中各环节的账务处理，见表2-2。

表2-2　固定资产处置过程的账务情况

环　节	账务处理
固定资产转入清理	借：固定资产清理（按该项固定资产的账面价值） 　　累计折旧（按已计提的累计折旧额） 　　固定资产减值准备（按已计提的减值准备） 　贷：固定资产（按固定资产账面原价）
发生清理费用	借：固定资产清理（按应支付的清理费用） 　　应交税费——应交增值税（进项税额）（按可抵扣的增值税） 　贷：银行存款
收回出售固定资产的价款、残料价值和变价收入等	借：银行存款 　贷：固定资产清理（按增值税专用发票上注明的价款） 　　应交税费——应交增值税（销项税额）（发票注明税额） 借：原材料（按入库残料的价值） 　贷：固定资产清理
保险赔偿和责任人赔偿	借：其他应收款——××保险公司/××（按赔偿的金额） 　贷：固定资产清理 借：银行存款 　贷：其他应收款——××保险公司/××
清理净损益	固定资产清理完成后，对清理的净损益要区分不同情况进行账务处理 ①属于生产经营期间正常的处置损失 借：资产处置损益 　贷：固定资产清理（按清理后的净损失） ②属于生产经营期间正常的处置收益 借：固定资产清理（按清理后的净损失） 　贷：资产处置损益 ③属于自然灾害等非正常原因造成的损失 借：营业外支出——非常损失 　贷：固定资产清理 ④属于自然灾害等非正常原因引起的收益 借：固定资产清理 　贷：营业外收入——非流动资产处置利得

实例分析

提前报废的设备的账务处理

某公司为增值税一般纳税人，现有一台生产设备由于性能原因决定提前报废，原价为 70.00 万元，相关增值税税额 91 000.00 元，已计提折旧 53.76 万元，未计提减值准备。报废时的残值变价收入为 2.80 万元，增值税税额为 3 640.00 元。报废清理过程中发生自行清理费用 4 000.00 元。有关收入、支出等均以银行存款结算，相关账务处理如下。

①将报废的设备转入清理。

借：固定资产清理	162 400.00
累计折旧	537 600.00
贷：固定资产	700 000.00

②收回残料变价收入。

借：银行存款	31 640.00
贷：固定资产清理	28 000.00
应交税费——应交增值税（销项税额）	3 640.00

③支付清理费用。

| 借：固定资产清理 | 4 000.00 |
| 贷：银行存款 | 4 000.00 |

④结转报废设备产生的净损失。

净损失 =162 400.00（借）+4 000.00（借）−28 000.00（贷）=138 400.00（元）

| 借：资产处置损益 | 138 400.00 |
| 贷：固定资产清理 | 138 400.00 |

⑩ 有无形资产，公司竞争力更强

无形资产指企业拥有或控制的、没有实物形态的可辨认非货币性资产，这也是无形资产的三个主要特征。

常见的无形资产包括专利权、非专利技术、商标权、著作权、土地使用权和特许权等，简单举例如图 2-6 所示。

专利权指国家专利主管机关依法授予发明创造专利申请人对其发明创造的在法定期限内所享有的专有权利，如发明专利权、实用新型专利权和外观设计专利权

非专利技术是指先进的、未公开的、未申请专利、可以带来经济效益的技术和诀窍。如工业专有技术、商业专有技术和管理专有技术等

商标权指专门在某类指定的商品或产品上使用特定的名称或图案的权利。商标经过注册登记就获得了法律上的保护，经商标局核准注册的商标为注册商标

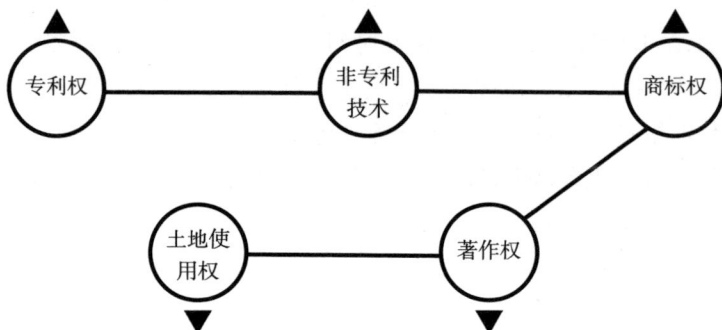

专利权 — 非专利技术 — 商标权

土地使用权 — 著作权

土地使用权指国家准许某一企业或单位在一定期间内对国有土地享有开发、利用和经营的权利。土地使用权可以依法转让，企业应将取得土地使用权时发生的支出资本化，作为土地使用权的成本

著作权又称版权，指作者对其创作的文学、科学和艺术作品依法享有的某些特殊权利，如精神权利（人身权利）和经济权利（财产权利）

图 2-6　无形资产的常见类型

无形资产的取得主要有两种形式，一是外购，二是自行研究开发。

外购的无形资产，其入账成本包括购买价款、相关税费和直接归属于使该项资产达到预定用途所发生的其他支出。相关税费不包括按照现行增值税制度规定可以从销项税额中抵扣的增值税进项税额。会计分录如下：

借：无形资产（按增值税发票上注明的价款）

应交税费——应交增值税（进项税额）（增值税专用发票注明税额）

贷：银行存款／应付账款等

实例分析

外购无形资产的确认处理

某公司 2×22 年 4 月购入一项非专利技术，取得增值税专用发票上注明

价款850 000.00元，税率6%，增值税税额51 000.00元，以银行存款支付。财会人员需要编制如下会计分录：

借：无形资产——非专利技术   850 000.00

应交税费——应交增值税（进项税额） 51 000.00

贷：银行存款   901 000.00

企业内部自行开发无形资产发生的研发支出，需要区分研究阶段支出和开发阶段支出。其中，研究阶段的支出全部费用化，借记"研发支出——费用化支出"科目。开发阶段支出又要细分能否资本化，不满足资本化条件的，借记"研发支出——费用化支出"科目；满足资本化条件的，借记"研发支出——资本化支出"科目。贷记"原材料""银行存款"和"应付职工薪酬"等科目。支出取得增值税专用发票的，按照可抵扣的进项税额，借记"应交税费——应交增值税（进项税额）"科目。

企业研究开发的项目达到预定用途形成无形资产的，应按照"研发支出——资本化支出"科目的余额，借记"无形资产"科目，贷记"研发支出——资本化支出"科目。期末应将"研发支出——费用化支出"科目归集的金额转入"管理费用"科目，借记"管理费用"科目，贷记"研发支出——费用化支出"科目。

实例分析

自行研发生产技术的确认计量

某公司自行研究开发一项生产技术，截至2×21年12月31日，发生研发支出合计130.00万元，经测试，该项研发活动完成了研究阶段，从2×22年1月1日起开始进入开发阶段，截至3月31日已经发生开发支出60.00万元，假定符合《企业会计准则第6号——无形资产》规定的开发支出资本化的条件，取得的增值税专用发票注明增值税税额为78 000.00元。3月底，该项研发活动结束，最终开发出一项非专利技术，所有款项均通过银行支付，相关账务处理如下：

① 2×21 年发生的研发支出，全部费用化。

借：研发支出——费用化支出　　　　　　　　1 300 000.00

　　贷：银行存款　　　　　　　　　　　　　　　　1 300 000.00

② 将 2×21 年发生的研发支出全部记入当期损益。

借：管理费用　　　　　　　　　　　　　　　1 300 000.00

　　贷：研发支出——费用化支出　　　　　　　　　1 300 000.00

③ 2×22 年发生开发支出并符合资本化确认条件。

借：研发支出——资本化支出　　　　　　　　600 000.00

　　贷：银行存款　　　　　　　　　　　　　　　　600 000.00

④ 2×22 年 3 月底无形资产形成，确认计量。

借：无形资产——非专利技术　　　　　　　　600 000.00

　　贷：研发支出——资本化支出　　　　　　　　　600 000.00

如果企业无法清晰区分研究阶段和开发阶段的支出，应将发生的研发支出全部费用化，计入当期损益，作为"管理费用"科目的借方。

⑪ 无形资产越用越贬值，计提摊销不能少

企业在取得无形资产后，就应该分析判断其使用寿命。使用寿命有限的无形资产应进行摊销；使用寿命不确定的无形资产不应摊销。

使用寿命有限的无形资产通常被视为无残值，即残值为 0。企业当月增加的无形资产，要从当月开始摊销；当月减少的无形资产，当月不再摊销。

无形资产的摊销方法包括年限平均法（即直线法）和生产总量法等。企业选择的无形资产摊销方法应反映与该项无形资产有关的经济利益的预期实现方式，无法可靠确定预期实现方式的，应采用年限平均法摊销。

企业应按月对无形资产进行摊销，摊销额一般计入当期损益，通过"累计摊销"科目核算。

管理用的无形资产摊销额计入管理费用；出租用的无形资产的摊销额计入其他业务成本；某项无形资产包含的经济利益通过所生产的产品或其他资产实现的，其摊销金额应计入相关资产的成本。

实例分析

不同情形下无形资产的摊销处理

【例1】

某公司购买一项管理用特许权，价款为320.00万元，合同规定受益年限为10年，采用年限平均法按月进行摊销。每月摊销时的账务处理如下：

（保留小数点后两位）

每月应摊销金额=3 200 000.00÷10÷12≈26 666.67（元）

借：管理费用 26 666.67

　　贷：累计摊销 26 666.67

【例2】

2×22年4月1日，某公司将其自行开发完成的非专利技术出租给B公司使用。已知该项非专利技术成本为340.00万元，双方约定的租赁期限10年，采用年限平均法按月进行摊销。每月摊销时的账务处理如下：

每月应摊销金额=3 400 000.00÷10÷12≈28 333.33（元）

借：其他业务成本 28 333.33

　　贷：累计摊销 28 333.33

注意：这里出租非专利技术获得的租金收入，应对应确认为其他业务收入。

⑫ 无形资产是处置还是报废，账务有讲究

企业处置无形资产，应将取得的价款扣除该无形资产账面价值和出售时的相关税费后的差额，作为资产处置损益进行核算。

①处置的无形资产仍然具有使用价值。

借：银行存款/其他应收款等（按实际收到或应收的金额）

　　累计摊销（按已计提的累计摊销）

　　应交税费——应交增值税（进项税额）（按可抵扣的进项税额）

　　资产处置损益（按贷方比借方多的差额）

　　贷：银行存款（按实际支付的相关费用）

无形资产（按无形资产账面余额）

应交税费——应交增值税（销项税额）（按专用发票注明税额）

资产处置损益（按借方比贷方多的差额）

实际做账时，上述会计分录中，借贷方的银行存款在抵销后只在一个会计分录方向体现。

②处置的无形资产预期不能为企业带来经济利益，直接报废处理。

借：营业外支出

累计摊销

贷：无形资产

实例分析

不同情形下无形资产的处置账务

【例1】

某公司因业务调整，将其购买的一项专利权转让给 C 公司，开具了增值税专用发票，注明价款 45 万元，税率 6%，增值税税额 2.7 万元，款项均已存入银行。另支付相关手续费 1 000.00 元，可抵扣进项税额为 60.00 元。已知该项专利权的购入成本为 56.00 万元，已摊销 16.80 万元。转让业务应进行如下会计处理。

收到的银行存款与支出的银行存款抵消后金额 =450 000.00+27 000.00−1 000.00−60.00=475 940.00（元）

借：银行存款　　　　　　　　　　　　　475 940.00

累计摊销　　　　　　　　　　　　　168 000.00

应交税费——应交增值税（进项税额）　　　 60.00

贷：无形资产　　　　　　　　　　　　450 000.00

应交税费——应交增值税（销项税额）　 27 000.00

资产处置损益　　　　　　　　　　 167 000.00

也就是说，该公司因转让这项专利权取得了 167 000.00 元的收益。

【例2】

2×22 年 4 月 1 日，某公司由于经营范围发生改变，将一项专利权做报

做报废处理。已知该项专利权成本为 280.00 万元，已摊销 224.00 万元，报废处理的账务如下所示：

借：营业外支出　　　　　　　　　　560 000.00

　　累计摊销　　　　　　　　　　2 240 000.00

　　贷：无形资产　　　　　　　　　　　　2 800 000.00

第三章　重视负债，经营更高效

企业经营一定要用投资者的资金吗？企业外购货物真的必须现款现付吗？不，企业还可以采用举债经营，通过占用债权人的资金来完成经营活动，这样能有效降低企业的资金使用成本，同时发挥财务杠杆效应，提高权益资本的收益率。但这种方式也会形成负债，最终需要企业偿还，因此企业要管理好自身的负债，让经营管理活动更高效。

o 善用流动负债，经营更轻松
o 经营中的非流动负债要合理

一、善用流动负债，经营更轻松

企业的负债按照偿还期限的长短，可以分为流动负债和非流动负债。预计能够在一个正常营业周期内偿还，或者主要为交易目的而持有，或者自资产负债表日起一年内（含一年）到期应偿还，或者企业无权自主地将清偿推迟至资产负债表日以后一年以上的负债为流动负债。流动负债的存在虽能使企业更好地面对用资危机，但必须善用。

(01) 短期大额资金需求，找银行借款

企业为了满足正常生产经营的资金需求，或者为了抵偿某项债务，会需要向银行或其他金融机构等借入期限在一年以下（含一年）的各种款项，这样的款项通常称之为短期借款。

企业借入的短期借款，无论用来干什么，只要借入了这项资金，就构成了一项流动负债，通过"短期借款"科目核算短期借款的取得和偿还等情况。贷方登记取得借款本金的金额，借方登记偿还借款的本金金额，余额在贷方，表示企业尚未偿还的短期借款。本科目可按照借款种类、贷款人和币种等设置明细科目进行明细核算。

企业借入短期借款应支付利息，如果利息是按季支付，或者是在借款到期时连同本金一起归还，且数额较大的，企业应在月末采用预提方式进行短期借款利息的核算，计入"应付利息"科目。同时，由于短期借款利息属于企业的筹资费用，所以应在发生时作为财务费用直接计入当期损益，通过"财务费用"科目核算。

如果利息是按月支付，或者是在借款到期时连同本金一起归还，但数额不大的，则可以不采用预提方法，而在实际支付或收到银行的计息通知时直接计入当期损益，借记"财务费用"科目，贷记"银行存款"科目。

实例分析

公司短期借款借入与偿还账务处理

2×22年4月1日，某公司向银行借入一笔生产经营用的短期借款，共

100.00 万元，期限为 9 个月，年利率为 3.7%。根据与银行签署的借款协议，该项借款本金到期后一次归还，利息按季支付。相关账务处理如下：

（保留小数点后两位）

① 4 月 1 日借入短期借款。

借：银行存款   1 000 000.00

     贷：短期借款   1 000 000.00

② 4 月末，计提 4 月应付利息：$1\,000\,000.00 \times 3.7\% \div 12 \approx 3\,083.33$（元）

借：财务费用   3 083.33

     贷：应付利息   3 083.33

5 月末计提 5 月应付利息的处理与 4 月份的相同。

③ 6 月末。支付一个季度的银行借款利息。

借：财务费用   3 083.33

     应付利息   6 166.66

     贷：银行存款   9 249.99

紧接着的两个季度的会计处理同上。

④ 2×23 年 1 月 1 日偿还短期借款本金。

借：短期借款   1 000 000.00

     贷：银行存款   1 000 000.00

⑫ 暂不付款计应付，提前收款计预收

　　企业因购买材料、商品或接受劳务等经营活动而应付给供应单位的款项，暂时未付时，记应付账款；实际支付款项时，冲减前期确认的应付账款。除此以外，企业在暂时没有向供应单位支付现金的情况下，还可能向供应单位提供商业汇票，此时记为应付票据。

　　当企业因为购入材料、商品或接受劳务等产生应付账款时，要按应付金额，贷记"应付账款"科目，同时借记"材料采购""在途物资""原材料"或"库存商品"等科目，并按照收到的增值税专用发票注明的税额，借记"应交税费——应交增值税（进项税额）"科目。

当企业偿还前期所欠的货款时，借记"应付账款"科目，贷记"银行存款"科目。如果是开出商业汇票抵付前期的应付账款，则借记"应付账款"科目，贷记"应付票据"科目。

实例分析

发生与偿还应付账款的账务处理

某公司为增值税一般纳税人，2×22年4月从D公司购入一批原材料，收到增值税专用发票，注明价款65 000.00元，增值税税额8 450.00元；同时由供应方代垫运费800.00元，增值税税额72.00元，已收到对方转来的增值税专用发票。材料当天验收入库，款项尚未支付。4月13日以银行存款支付该批原材料的相关款项。财会人员需要编制如下会计分录：

①购买原材料暂未付款，确认应付账款。

借：原材料   65 800.00

     应交税费——应交增值税（进项税额）   8 522.00

     贷：应付账款——D公司   74 322.00

②4月13日偿还前期的应付账款。

借：应付账款——D公司   74 322.00

     贷：主营业务收入   74 322.00

在实务中，企业难免会遇到按照合同规定向购货单位预收货款的情况，此时因为交易尚未完成，所以预收的货款不能确认为收入，而是确认为预收账款。但是为什么企业明明是预收到款项，"预收账款"却是流动负债呢？这是因为预收的款项后期需要用货物清偿。

企业通过"预收账款"科目，核算预收账款的取得和偿付等情况。该科目贷方登记发生的预收账款金额和购货单位补付账款的金额，借方登记企业向购货方发货后冲销的预收账款金额和退回购货方多付账款的金额。期末余额贷方，表示企业预收的款项；若为借方余额，则表示企业尚未转销的预收账款。本科目应按照购货单位设置明细科目进行核算。

实例分析

取得与偿付预收账款的账务处理

某公司为增值税一般纳税人，2×22年4月2日与E公司签订供货合同，向其出售一批产品，价款共150 000元，开出的增值税专用发票注明增值税税额19 500.00元。根据合同规定，E公司应在购货合同签订后一周内预付货款100 000元，剩余货款在交货后付清。4月6日公司收到E公司预付货款100 000元并存入银行，4月15日公司将货物和增值税专用发票交付给E公司，E公司验收货物后付清剩余货款。并应做如下账务处理：

①签订供货合同，收到E公司预付的款项。

借：银行存款　　　　　　　　　　　　　　　100 000.00
　　贷：预收账款——E公司　　　　　　　　　　　　100 000.00

②将货物交付给E公司，并收到剩余货款。

借：预收账款——E公司　　　　　　　　　　169 500.00
　　贷：主营业务收入　　　　　　　　　　　　　　150 000.00
　　　　应交税费——应交增值税（销项税额）　　　19 500.00

借：银行存款　　　　　　　　　　　　　　　69 500.00
　　贷：预收账款——E公司　　　　　　　　　　　　69 500.00

补付的剩余货款 =169 500.00−100 000.00=69 500.00（元）

拓展贴士 *认识其他应付款项*

除了应付账款、应付票据和预收账款等应付及预收款项外，还有一些重要的应付款项，如应付利息、应付股利和其他应付款。

其中，应付利息主要包括短期借款、分期付息到期还本的长期借款以及企业债券等应支付的利息。这些以筹资为目的发生的应付利息都要确认为财务费用。

而应付股利是指企业根据股东大会类似机构审批批准的利润分配方案确定分配给投资者的现金股利或利润，账务处理会涉及所有者权益变动，将在本书第四章进行详细介绍。

其他应付款是企业除应付票据、应付账款、预收账款、应付职工薪酬、应交税费、应付利息和应付股利等经营活动以外的其他各项应付、暂收的款项，如应付经营租赁固定资产的租金、租入包装物的租金和存入保证金等。

⑬ 聘用员工付报酬，应付职工薪酬善运用

企业为了得到员工提供的劳务和服务，需要相应地向员工支付劳动报酬或补偿，会计上将其称为职工薪酬。为了更准确地核算员工应得的工资，就需要明确职工薪酬的具体范围，它包括短期薪酬、离职后福利、辞退福利和其他长期职工福利。注意，企业提供给职工配偶、子女、受赡养人、已故员工遗属及其他受益人等的福利，也属于职工薪酬。职工薪酬的主要内容见表3-1。

表 3-1 职工薪酬的主要内容

类 别		具体说明
短期薪酬	职工工资、奖金、津贴和补贴	指按照构成工资总额的计时工资、计件工资、各种劳动报酬、因其他特殊原因支付给职工的津贴以及为保证职工工资水平不受物价影响而支付给职工的物价补贴等
	职工福利费	指企业向职工提供的生活困难补助、丧葬补助、交通补助、抚恤费、职工异地安家费以及防暑降温费等职工福利支出
	社会保险费和医疗保险费	指企业按照国家规定的基准和比例计算，向社会保险经办机构缴纳的基本医疗保险费、工伤保险费和生育保险费
	住房公积金	指企业按照国家规定的基准和比例计算，向住房公积金管理机构缴存的住房公积金
	工会经费和职工教育经费	指企业为了改善职工文化生活、让职工学习先进技术和提高文化水平和业务素质，用于开展工会活动和职工教育及职业技能培训等相关支出
	短期带薪缺勤	指职工虽然缺勤但企业仍向其支付报酬的安排，包括年休假、病假、婚假、产假、丧假和探亲假等
	短期利润分享计划	指因职工提供服务而与职工达成的基于利润或其他经营成果提供薪酬的协议所涉及的支出
	其他短期薪酬	指除上述薪酬以外的其他为获得职工提供的服务而给予的短期薪酬
离职后福利		指企业为获得职工提供的服务而在职工退休或与企业解除劳动关系后，向其提供的各种形式的报酬和福利。如基本养老保险费和失业保险费，短期薪酬与辞退福利除外
辞退福利		指企业在职工劳动合同到期前解除与职工的劳动关系，或者为鼓励职工自愿接受裁减而给予职工的补偿
其他长期职工福利		指除了短期薪酬、离职后福利和辞退福利以外所有的职工薪酬，包括长期带薪缺勤、长期残疾福利和长期利润分享计划等

企业应设置"应付职工薪酬"科目，核算应付职工薪酬的计提、结算和使用等情况。该科目贷方登记已经分配计入有关成本费用项目的职工薪酬的数额，借

方登记实际发放职工薪酬的数额，包括扣还的款项等。该科目贷方余额表示企业应付而未付的职工薪酬。

"应付职工薪酬"科目应按照前述表格中所列薪酬内容，设置"工资、奖金、津贴和补贴""职工福利费""非货币性福利""社会保险费""住房公积金""工会经费和职工教育经费""带薪缺勤"和"利润分享计划"等明细科目进行明细核算。

在计提应付职工薪酬时，根据职工提供服务的受益对象不同，将应确认的职工薪酬，借记"生产成本""制造费用""劳务成本""管理费用"和"销售费用"等科目，贷记"应付职工薪酬——工资、奖金、津贴和补贴"科目。实际向员工支付工资时，借记"应付职工薪酬——工资、奖金、津贴和补贴"科目，贷记"银行存款"或"库存现金"科目。

注意，企业从应付职工薪酬中扣还的各种款项，如代垫的家属医药费、个人所得税等，借记"应付职工薪酬"科目，贷记"银行存款""库存现金""其他应收款"或"应交税费——应交个人所得税"等科目。

实例分析

关于应付职工薪酬的计提、发放的账务处理

某公司 2×22 年 3 月应付职工工资总额为 540 000.00 元，根据工资明细表中列示的工资情况，产品生产人员工资为 328 000.00 元，车间管理人员工资为 55 000.00 元，行政管理人员工资为 90 000.00 元，专设销售机构人员工资为 67 000.00 元。其中，企业代垫职工家属医药费共 10 000.00 元，所以实发工资为 530 000.00 元。工资全部通过银行转账发放，财会人员需要进行如下账务处理。

①计提员工应发工资。

借：生产成本　　　　　　　　　　　　　　　328 000.00
　　制造费用　　　　　　　　　　　　　　　 55 000.00
　　管理费用　　　　　　　　　　　　　　　 90 000.00
　　销售费用　　　　　　　　　　　　　　　 67 000.00
　　贷：应付职工薪酬——工资、奖金、津贴和补贴　540 000.00

②为职工代垫家属医药费。

借：应付职工薪酬——工资、奖金、津贴和补贴   10 000.00

    贷：其他应收款——代垫医药费   10 000.00

③向职工发放工资。

借：应付职工薪酬——工资、奖金、津贴和补贴   530 000.00

    贷：银行存款   530 000.00

⑭ 经营获利责任大，应交税费按时办

我国现行的税种有 18 种：增值税、消费税、关税、城市维护建设税、契税、房产税、车辆购置税、车船税、印花税、耕地占用税、城镇土地使用税、土地增值税、企业所得税、个人所得税、环境保护税、资源税、烟叶税和船舶吨税。另外还规定需要缴纳其他相关费用，如教育费附加和地方教育附加。

在这些税费中，有一些需要通过"应交税费"科目核算，有一些则不需要。

通过"应交税费"科目核算的，如增值税、消费税、关税、城市维护建设税、教育费附加、地方教育附加、企业所得税、个人所得税、土地增值税、房产税、城镇土地使用税、资源税、车船税、环境保护税、资源税和船舶吨税。

计提或发生时计入"税金及附加"科目的。如增值税、消费税、关税、城市维护建设税、教育费附加、地方教育附加、企业所得税、个人所得税、土地增值税、房产税、城镇土地使用税、资源税、车船税、环境保护税、资源税、船舶吨税和印花税。

发生时直接计入相关资产的成本的。如耕地占用税、契税和车辆购置税。

需要计提的税费，计提时编制以下会计分录：

借：税金及附加

    贷：应交税费——应交增值税 / 消费税 / 城市维护建设税等

实际缴纳税费时编制如下会计分录：

借：应交税费——应交增值税 / 消费税 / 城市维护建设税等

    贷：银行存款

不需要计提的税费，在发生时，分两种情况做账。一是直接确认税金及附加。

借：税金及附加
　　贷：银行存款

二是直接将相关税费计入资产成本。

借：无形资产 / 研发支出 / 固定资产等
　　贷：银行存款

在本书的第七章会逐一介绍各税种的处理，这里不再举例。

⑤ 视同销售难避免，缴不缴税要拎清

企业在生产经营过程中，有些交易或事项按照现行增值税制度规定，应视同对外销售处理，主要有如下所述的几种情况。

①将货物交付其他单位或个人代销。

②销售代销货物。

③设有两个以上机构并实行统一核算的纳税人，将货物从一个机构移送至其他机构用于销售，但相关机构设在同一县（市）的除外。

④将自产、委托加工的货物用于非增值税应税项目。

⑤将自产、委托加工的货物用于集体福利或个人消费。

⑥将资产、委托加工或购进的货物作为投资，提供给其他单位或个体工商户。

⑦将自产、委托加工或购进的货物分配给股东或投资者。

⑧将自产、委托加工或购进的货物无偿赠送其他单位或个人。

视同销售的业务或事项都需要核算增值税销项税额，但并不是都需要确认收入。

实例分析

视同销售业务的增值税处理

【例1】

某公司为增值税一般纳税人，适用增值税税率13%，销售商品价格为不含增值税的公允价格。2×22年4月6日，公司以生产的产品对外捐赠，该批产品实际成本为180 000元，售价为235 000元，开具的增值税专用发票上注明增值税税额30 550.00元。该事项需要做的账务处理如下：

以自产货物无偿赠送其他单位或个人，视同销售行为，需要确认增值税销项税额，但不确认收入。

借：营业外支出　　　　　　　　　　　　210 550.00

　　贷：库存商品　　　　　　　　　　　　180 000.00

　　　　应交税费——应交增值税（销项税额）　　30 550.00

注意：这里的增值税税额 30 550.00 元是根据售价 23.50 万元和税率 13% 计算得来的，而"库存商品"科目要按照产品成本核算。

【例2】

某公司为增值税一般纳税人，适用增值税税率 13%，销售商品价格为不含增值税的公允价格。

2×22 年 4 月 11 日，公司用一批原材料对外进行长期股权投资，已知该批原材料实际成本为 80.00 万元，双方协商不含税价格为 92.00 万元，开具的增值税专用发票上注明的增值税税额为 11.96 万元，相关账务处理如下：

以外购的原材料对外投资，视同销售行为，不仅要确认增值税销项税额，还需要确认其他业务收入，同时结转成本。

借：长期股权投资　　　　　　　　　　1 039 600.00

　　贷：其他业务收入　　　　　　　　　　920 000.00

　　　　应交税费——应交增值税（销项税额）　　119 600.00

借：其他业务成本　　　　　　　　　　　800 000.00

　　贷：原材料　　　　　　　　　　　　　800 000.00

06 应付暂收款常有，其他应付款核算要准确

其他应付款是指企业除应付票据、应付账款、预收账款、应付职工薪酬、应交税费、应付利息和应付股利等经营活动以外的其他各项应付、暂收款项。比如，应付经营租赁固定资产租金、租入包装物租金和存入保证金等。

企业应设置"其他应付款"科目，核算其他应付款的增减变动和结存情况。贷方登记发生的各种应付、暂收款项，借方登记偿还或转销的各种应付、暂收款项，期末贷方在余额，表示企业应付但未付的其他应付款项。该科目可以按照其他应付款的项目和对方单位或个人设置的明细科目进行明细核算。

企业发生其他各种应付、暂收款项时，编制如下会计分录：

借：管理费用等科目

　　贷：其他应付款

支付或退回其他各种应付、暂收款项时，编制如下会计分录：

借：其他应付款

　　贷：银行存款等科目

实例分析

公司发生其他应付款的账务处理

某公司从2×22年1月1日起以经营租赁方式租入管理用办公设备一批，每月租金5 000.00元，按季支付。3月31日，公司以银行存款支付应付租金15 000.00元，增值税进项税额为1 950.00元。相关账务处理如下：

① 1月31日计提当月应支付的经营租入固定资产的租金。

借：管理费用　　　　　　　　　　　　　　　　　　　　5 000.00

　　贷：其他应付款　　　　　　　　　　　　　　　　　　5 000.00

2月底计提应付的经营租入固定资产的租金的会计处理同上。

② 3月31日支付租金和税费。

借：其他应付款　　　　　　　　　　　　　　　　　　10 000.00

　　管理费用　　　　　　　　　　　　　　　　　　　5 000.00

　　应交税费——应交增值税（进项税额）　　　　　　1 950.00

　　贷：银行存款　　　　　　　　　　　　　　　　　16 950.00

注意，有形动产租赁业务适用增值税税率为13%，不动产租赁业务适用增值税税率为9%。

二、经营中的非流动负债要合理

企业总的负债中除去流动负债，剩下的就是非流动负债，它们的偿还期在一年以上或超过一个正常营业周期，主要包括长期借款、应付债券、长期应付款和预计负债等。由于非流动负债偿还期较长，管理不好就可能导致企业负债偏大甚至影响正常经营，故其数量应合理。

⑦ 向银行借款时间长，长期借款记录好

企业在经营过程中，难免会遇到资金周转不灵的情况，有时甚至通过短期借款也无法改善资金紧缺的困境，此时就需要向银行或其他金融机构借入长期借款。

长期借款指企业向银行或其他金融机构等借入的、偿还期限在一年以上（不含一年）的各种借款。企业需要设置"长期借款"科目，核算企业的长期借款增减变动和偿还情况。

该科目贷方登记企业借入的长期借款本金，借方登记归还长期借款的本金，期末余额一般在贷方，反映企业尚未偿还的长期借款。该科目就可以按照贷款银行和贷款种类设置明细科目进行明细核算。

企业借入长期借款时，需要编制如下会计分录：

借：银行存款（按实际收到的金额）

　　长期借款——利息调整（按借贷方之间的差额，通常为手续费）

　　贷：长期借款——本金（按借款本金的数额）

在资产负债表日，需要编制如下会计分录：

借：在建工程 / 制造费用 / 研发支出等（按确定的长期借款利息费用）

　　贷：应付利息（按确定的应付而未付的利息）

　　　　长期借款——利息调整（按借贷方之间的差额）

实例分析

借入长期借款的账务处理

某公司为了建造生产车间，在 2×22 年 1 月向银行借入期限为两年的长期借款 3 500.00 万元，年利率为 4%，不考虑手续费等支出，取得借款时，应编制如下会计分录：

借：银行存款　　　　　　　　　　　　35 000 000.00

　　贷：长期借款　　　　　　　　　　　35 000 000.00

如果该公司向银行借款时考虑手续费，假设手续费率为 1%，则此时编制的会计分录如下：

手续费 =35 000 000.00×1%=350 000.00（元）

借：银行存款　　　　　　　　　　　　34 650 000.00

长期借款——利息调整   350 000.00

 贷：长期借款——本金   35 000 000.00

 由此可见，在考虑手续费时，公司实际收到的借款金额只有 3 465.00 万元，而不是 3 500.00 万元。

⑧ 筹集资金发债券，应付债券核算少不了

应付债券是指企业为了筹集资金而对外发行的、期限在一年以上的长期借款性质的书面证明，约定在一定期限内还本付息的一种书面承诺。所以，应付债券是企业的长期负债，其特点是期限长、数额大、到期无条件支付本息。

企业通过设置"应付债券"科目以及"债券面值""债券溢价""债券折价"和"应付利息"四个明细科目，对应付债券进行核算。

当企业发行债券并收到价款时，编制如下会计分录：

借：银行存款（按实际收到的款项）

  贷：应付债券——面值

      ——利息调整（溢价发行）

当企业按期支付利息时，要按照实际利率法计提，根据发行债券筹集资金的用途，将利息支出计入相应科目；符合资本化的，计入相关资产科目，不符合资本化的，计入当期损益。计提和实际支付利息时分别编制如下会计分录：

借：在建工程 / 研发支出——资本化支出 / 财务费用

  贷：应付利息（按应付债券的面值 × 票面利率）

    应付债券——利息调整

借：应付利息

  贷：银行存款

在上述会计分录中，"在建工程 / 研发支出——资本化支出 / 财务费用"等，按照"应付债券期初摊余成本 × 实际利率"计算确定；"应付债券——利息调整"科目，按照"应付债券期初摊余成本 × 实际利率 – 当期计提的应付利息"计算确定。其中，应付债券的摊余成本可简单理解为本金：

当企业偿还债券本金以及最后一期利息时，编制如下会计分录：

借：应付债券——面值

应付利息

贷：银行存款

如果企业以折价发行方式发行债券，则在发行时，会计分录中贷方的"应付债券——利息调整"科目应列示在借方。另外，发行债券产生的手续费、佣金等发行费用，应计入发行债券的初始成本，反映在"应付债券——利息调整"明细科目中。利息调整应在债券存续期间内采用实际利率法进行摊销，实际利率即实际市场利率。

由于应付债券的核算相对比较复杂，这里只做简单了解，不再举例。

⑨ 长期应付款与其他应付款一样吗

长期应付款是在较长时间内应付的款项，在会计业务中，长期应付款指除了长期借款和应付债券以外的其他多种长期应付款，主要有应付补偿贸易引进设备款、应付融资租入固定资产租赁费以及采用分期付款方式购入固定资产和无形资产发生的应付账款等。

企业应设置"长期应付款"科目，贷方登记发生的长期应付款，借方登记长期应付款的归还数。期末余额在贷方，反映企业尚未支付的各种长期应付款。该科目应按照长期应付款的种类设置明细科目，进行明细核算。

关于长期应付款的主要核算内容，如图3-1所示。

补偿贸易引进设备应付款	融资租入固定资产应付款
补偿贸易是从国外引进设备，再用该设备生产的产品归还设备价款。在会计核算时，一方面引进设备的资产价值和相应的负债，作为本企业的一项资产和一项负债，在资产负债表中分别包括在"固定资产"和"长期应付款"项目中，其中形成的负债就是补偿贸易引进设备应付款；另一方面，用产品归还设备价款时，视同产品销售	融资租入的固定资产，租赁在有效期内，资产的所有权虽然尚未归入方所有，但租赁资产上的所有权风险和相应的融资作为一项资产和负债，纳入资产负债表。融资租入的固定资产应视同租入方固定资产进行管理，在"固定资产"科目下单独设置"融资租入固定资产"明细科目；同时，融资租入费用形成一笔长期负债，在"长期应付款"科目下核算

图 3-1 税费核算涉及的会计科目

实例分析

采用补偿贸易方式引进设备的账务处理

2×22 年初，某公司采用补偿贸易方式引进一套设备，该设备价款为 120.00 万美元，随设备一起进口的零配件价款为人民币 60 000 元，支付的国外运杂费为 3 000.00 美元，另以人民币支付进口关税 160 067.65 元。国内运杂费为 3 000.00 元，安装费为 25 000.00 元，设备在一周内安装完毕。假设引进设备当日美元汇率为 ¥6.80/USD1，相关账务处理如下：

①引入设备时，因需要安装，确认在建工程和长期应付款。

在建工程入账价值 =（1 200 000.00+3 000.00）×6.80=8 180 400.00（元）

原材料备件入账价值 =60 000.00×6.80=408 000.00（元）

借：在建工程　　　　　　　　　　　　　8 180 400.00

　　原材料——修理用备件　　　　　　　　408 000.00

　　贷：长期应付款——应付引进设备款　　8 588 400.00

②支付进口关税、国内运杂费和设备安装费时，确认在建工程。

在建工程入账价值 =160 067.65+3 000.00+25 000.00=188 067.65（元）

借：在建工程　　　　　　　　　　　　　188 067.65

　　贷：银行存款　　　　　　　　　　　　188 067.65

③将安装完毕的设备和进口工具、零配件交付使用。

固定资产入账价值 =8 180 400.00+188 067.65=8 368 467.65（元）

借：固定资产　　　　　　　　　　　　　8 368 467.65

　　贷：在建工程　　　　　　　　　　　　8 368 467.65

④以引进设备生产的产品的销售收入归还设备款，假设为 50.00 万美元，当日汇率为 ¥6.60/USD1。

销售收入 =500 000.00×6.60=3 300 000.00（元）

借：长期应付款——应付引进设备款　　　3 300 000.00

　　贷：银行存款　　　　　　　　　　　　3 300 000.00

⑤第一年末，根据补偿贸易合同的规定，按 6% 计提应付利息，假设当日汇率为 ¥6.50/USD1。

应付利息 =（1 200 000.00+60 000.00+3 000.00）×6%×6.50=492 570.00（元）

借：财务费用——利息支出　　　　　　　492 570.00

贷：长期应付款——应付引进设备款　　　　　　　492 570.00

注意，公司需要在年末按照年末汇率确定"长期应付款——应付引进设备款"的汇兑损益，处理比较复杂，这里不做了解。

通过本节的内容，读者可以清楚知道长期应付款与其他应付款是完全不同的。

⑩ 如果发生应纳税暂时性差异，如何核算递延所得税负债

应纳税暂时性差异是指在确定未来收回资产或清偿负债期间的应纳税所得额时，将导致产生应税金额的一种暂时性差异。在其产生的当期，应确认相关的递延所得税负债。

应纳税暂时性差异产生的情形主要包括两种，如图 3-2 所示。

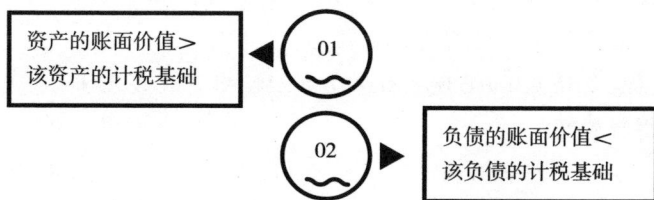

图 3-2　产生应纳税暂时性差异的两种情形

简单理解，就是企业的会计核算与税法之间的差异。而递延所得税负债是一个负债类科目，它增加时，记贷方，借记"所得税费用"科目，贷记"递延所得税负债"科目；它减少时，记借方，借记"递延所得税负债"科目，贷记"所得税费用"科目。

下面通过一个简单的案例来初步了解递延所得税负债的处理。

实例分析

发生应纳税暂时性差异要核算递延所得税负债

某公司在 2×21 年 10 月购入 A 公司股票 10 万股，当日股价为 9.00 元 / 股。公司对购入的该项金融资产分类为以公允价值计量且其变动计入当期损益的资产。

2×21 年末，A 公司股价上涨到 10.50 元 / 股，公司确认了 15.00 万元的公允价值变动损益，账面价值由初始入账价值 90.00 万元变为了 105.00 万元。企业适用的企业所得税税率为 25%，相关账务处理如下：

①购入股票时。

借：交易性金融资产——成本　　　　　　　　　　900 000.00

　　贷：银行存款　　　　　　　　　　　　　　　　　900 000.00

②2×21 年末股价上涨，确认公允价值变动损益。

借：交易性金融资产——公允价值变动　　　　　　150 000.00

　　贷：公允价值变动损益　　　　　　　　　　　　　150 000.00

同时，需要确认递延所得税负债。因为 2×21 年末"交易性金融资产"的账面价值为 1 050 000.00 元，而税法规定公允价值的变动要在实际实现时才准予确认，所以"交易性金融资产"的计税基础为 90.00 万元，这样一来，资产的账面价值（105.00 万元）就大于其计税基础（90.00 万元），形成应纳税暂时性差异，需要确认递延所得税负债。

递延所得税负债 =（105.00－90.00）×25%=3.75（万元）

借：所得税费用　　　　　　　　　　　　　　　　37 500.00

　　贷：递延所得税负债　　　　　　　　　　　　　　37 500.00

注意：在本案例中，因为税会差异的存在，对当期所得税也会产生影响，会计确认的 15.00 万元的公允价值收益，税法不允许在当期确认，在计算应纳税所得额时，需要调减应纳税所得额，最终当期会少缴纳企业所得税 3.75 万元（15.00×25%）。

但是，当期所得税的纳税调整不需要做账务处理，仅需要在汇算清缴填列纳税申报表时在表中体现。

拓展贴士 *认识可抵扣暂时性差异*

可抵扣暂时性差异与应纳税暂时性差异相对，是指在确定未来收回资产或清偿负债期间的应纳税所得额时，将导致产生可抵扣金额的一种暂时性差异。

在可抵扣暂时性差异产生的当期，符合确认条件时，应确认相关的递延所得税资产。

可抵扣暂时性差异产生的情形也有两种。

①资产的账面价值＜该资产的计税基础。
②负债的账面价值＞该负债的计税基础。

在工作中，有一些特殊情况不确认递延所得税负债。

◆ 商誉的初始确认中不确认递延所得税负债

在非同一控制下的企业合并中，因企业合并成本大于合并中取得的被购买方可辨认净资产公允价值的差额，按照会计准则规定应确认为商誉，但按照税法规定其计税基础为0，两者之间的差额就成了应纳税暂时性差异，然而准则中规定对其不确认为一项递延所得税负债，否则就会增加商誉的价值。

◆ 仅由资产、负债的初始确认产生的递延所得税负债不予确认

在除了企业合并以外的其他交易中，如果交易发生时既不影响会计利润，也不影响应纳税所得额，那么由资产、负债的初始确认所产生的递延所得税负债不予确认。

◆ 同时满足条件的某些递延所得税负债不予确认

同时满足条件的某些递延所得税负债，是指与联营企业、合营企业的投资相关的应纳税暂时性差异产生的递延所得税负债。而同时满足的条件主要有以下两个：

①投资企业能够控制暂时性差异转回的时间。
②该暂时性差异在可预见的未来很可能不会转回。

换句话说，与联营企业、合营企业的投资相关的应纳税暂时性差异产生的递延所得税负债，在同时满足上述两个条件时，不予确认递延所得税负债。

第四章　懂所有者权益，心如明镜

　　企业在经营过程中，投资者投入的资本有没有增值？当公司停止经营时投资者们能拿到多少钱？一年当中投资者投入的资本有怎样的变化？要弄清楚这些疑问，就需要懂所有者权益，它是所有者对企业资产的剩余索取权，是企业总的资产在偿还所有负债后还剩余的部分。

- 了解所有者权益的大致结构
- 所有者权益内外部变动情况

一、了解所有者权益的大致结构

企业的所有者权益包括所有者投入的资本、直接计入所有者权益的利得和损失以及留存收益。不同的内容需要借助不同的会计科目进行核算，比如所有者投入的资本计入实收资本（或股本）以及资本公积；直接计入所有者权益的利得和损失通常确认为资本公积或其他资本公积；留存收益包括盈余公积和未分配利润。

⑴ 实收资本是实际收到的资本吗

什么是实收资本？实收资本指企业实际收到的投资人投入的资本，广义角度来说，指投资者作为资本投入企业的各种财产，是企业注册登记的法定资本总额的来源，它表明了所有者对企业的基本产权关系。

中国企业法人登记管理条例规定，除国家另有规定外，企业的实收资本应与注册资本一致。如果企业的实收资本比原注册资本数额增减超过 20%，应持资金使用证明，向原登记主管机关申请变更登记。

那么，注册资本又是什么呢？

注册资本是指合营企业在登记管理机构登记的资本总额，是合营各方已经缴纳或者承诺一定要缴纳的出资额的总和。通俗地说，注册资本就是营业执照上注明的注册资本。

在账务处理过程中，"实收资本"科目核算的就是注册资本金额，而不是实际收到的资本金额。

下面来分情况了解下实收资本与实际收到的资本的关系。

◆ 实收资本（注册资本）= 实际收到的资本

实收资本的账面余额可简单理解为注册资本金额，如果实收资本等于实际收到的资本，说明投资者投入企业的资本没有多余的部分，全部计入实收资本，也就不会产生资本公积。此时的关系如图 4-1 所示。

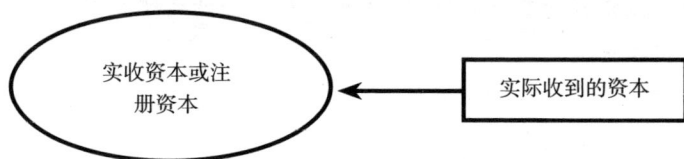

图 4-1 注册资本 = 实际收到的资本

实例分析

实际收到的资本等于注册资本的账务核算

某公司为有限责任公司，收到某个人投资者250.00万元的现金投资，根据公司章程的约定，这250.00万元全部作为注册资本，款项已全部通过银行收讫，相关会计处理如下：

借：实收资本——个人   2 500 000.00

  贷：银行存款   2 500 000.00

◆ 实收资本（注册资本）＜实际收到的资本

实收资本小于实际收到的资本，通俗地说，就是投资者实际投入企业的资本，只有一部分确认为企业的实收资本，同时作为注册资本，在企业营业执照上注明。

而另外一部分没有记载在营业执照上的投入资本就作为资本溢价，计入企业的资本公积。此时的关系如图4-2所示。

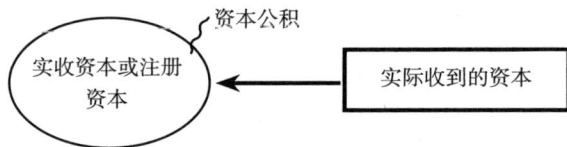

图4-2 注册资本＜实际收到的资本

实例分析

实际收到的资本大于注册资本的账务核算

某公司为有限责任公司，收到某个人投资者250.00万元的现金投资，根据公司章程的约定，注册资本只需要230.00万元，款项已全部通过银行收讫，于是就会有资本溢价20.00万元，相关会计处理如下：

借：实收资本——个人   2 300 000.00

  资本公积——资本溢价   200 000.00

  贷：银行存款   2 500 000.00

◆ 实收资本（注册资本）＞实际收到的资本

在我国以前实行的注册资本制下，投资者需要足额缴纳资本后，才能顺利成立企业，因此，不会出现实收资本大于实际收到的资本的情况。

但现在，我国实行认缴制，它是指企业所在注册资金为零的情况下进行工商注册，然后在规定的时间内补齐注册资金。也就是说，在认缴制下，企业的实收资本可能远大于实际收到的资本数额，换言之，企业的注册资本不等于实际收到的投入资本。

注意，此时实收资本账面余额就等于实际收到的资本。关系如图 4-3 所示。

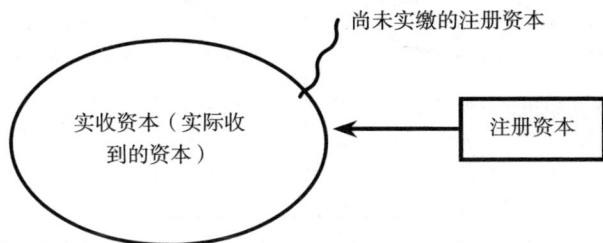

图 4-3　注册资本＞实际收到的资本

这种情形下，企业按照实际收到的资本确认实收资本。

实例分析

实际收到的资本小于注册资本的账务核算

　　某公司为有限责任公司，收到某个人投资者 200.00 万元的现金投资，根据公司章程的约定，该个人投资者认缴的注册资本为 250.00 万元，款项已通过银行收到。很显然，这种情形下，公司实际收到的资本小于注册资本，要按照实际收到的资本确认实收资本。相关账务处理如下：

　　　　借：实收资本——个人　　　　　　　　2 000 000.00
　　　　　　贷：银行存款　　　　　　　　　　　　2 000 000.00

---

⑫ 哪些经营活动会引起资本公积的变化

资本公积是指企业在经营过程中由于接受捐赠、资本（或股本）溢价以及法定财产重估增值等原因形成的公积金。它是与企业收益无关但与资本相关的贷项。

可简单理解为，资本公积是投资者或他人投入企业、所有权归属于投资者且投入金额超过法定资本部分的资本。企业的资本公积，其形成来源按用途划分，主要包括两类。

（1）可以直接用于转增资本的资本公积

这类资本公积的来源主要包括资本（或股本）溢价、接受现金捐赠、拨款转入和外币资本折算差额等。简单介绍如图 4-4 所示。

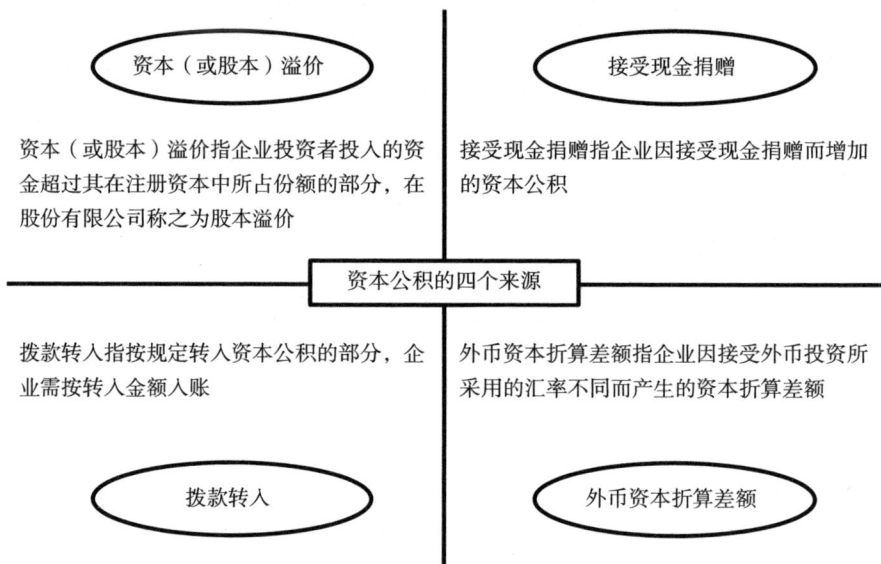

图 4-4　可直接用于转增资本的资本公积

从这类资本公积的来源可知，当企业发生以下经营活动时可能会引起资本公积的变化。

①接受投资者投入的资金。

②接受投资者追加投入的资金。

③接受外部单位的现金捐赠。

④企业收到国家拨入的专门用于技术改造、技术研究等的拨款项目。

⑤企业接受外币投资并采用不同汇率核算等。

（2）不可直接用于转增资本的资本公积

这类资本公积的来源主要包括接受捐赠非现金资产准备、股权投资准备和其他资本公积等。简单介绍如图 4-5 所示。

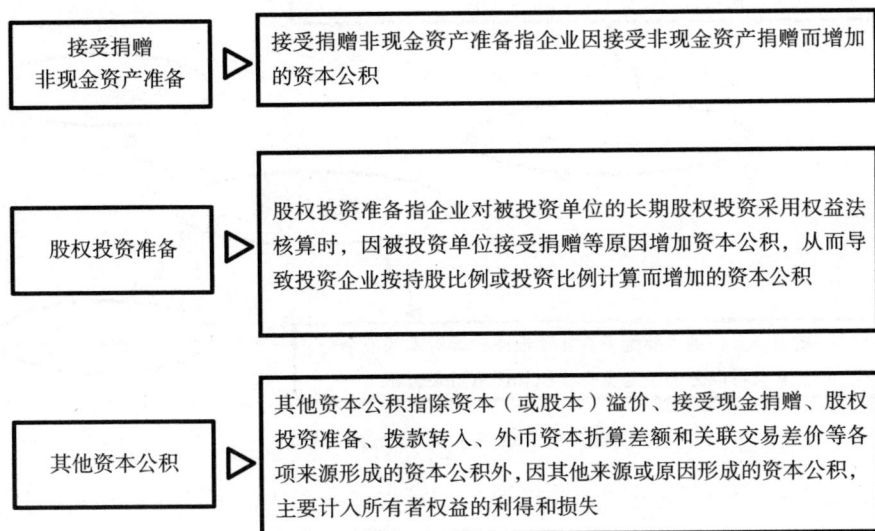

接受捐赠 非现金资产准备 ▷	接受捐赠非现金资产准备指企业因接受非现金资产捐赠而增加的资本公积

股权投资准备 ▷	股权投资准备指企业对被投资单位的长期股权投资采用权益法核算时，因被投资单位接受捐赠等原因增加资本公积，从而导致投资企业按持股比例或投资比例计算而增加的资本公积

其他资本公积 ▷	其他资本公积指除资本（或股本）溢价、接受现金捐赠、股权投资准备、拨款转入、外币资本折算差额和关联交易差价等各项来源形成的资本公积外，因其他来源或原因形成的资本公积，主要计入所有者权益的利得和损失

图 4-5 不可直接用于转增资本的资本公积

从这类资本公积的来源可知，当企业发生以下经营活动时可能会引起资本公积的变化。

①接受非现金资产捐赠。

②企业对外投资形成长期股权投资，并以权益法进行核算，而被投资单位因接受捐赠而导致资本公积增加。

③特定资产的计价方法发生变化等。

㉛ 盈余公积一定要计提吗

盈余公积是从企业税后利润中提取形成的、存留于企业内部、具有特定用途的收益积累。简单来说，盈余公积就是各种积累资金。

根据这些积累资金不同的特定用途，可以将盈余公积分为公益金和一般盈余公积两大类。如图 4-6 所示的是盈余公积的各组成部分的情况。

法定盈余公积是指国家规定企业必须从税收利润中提取的盈余公积，提取比例为 10%。当法定盈余公积的累计金额达到企业注册资本的 50% 以上时，可以不再提取。

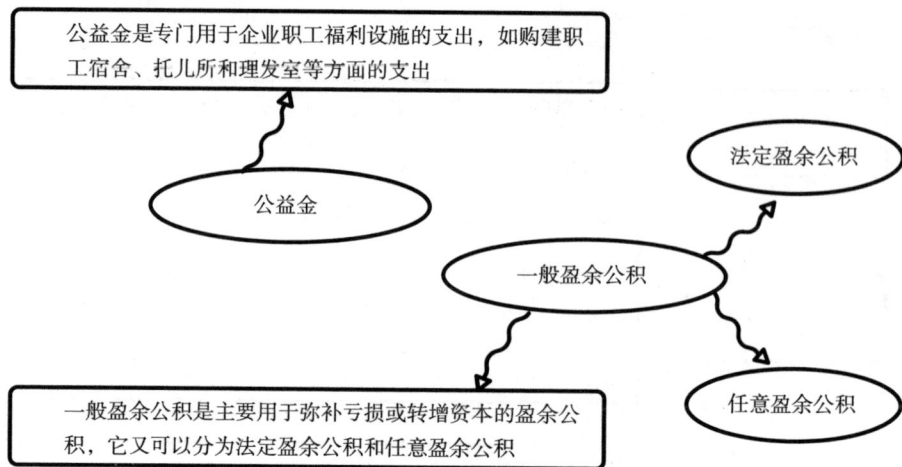

图 4-6　盈余公积的各组成部分

任意盈余公积是股份制企业按照公司章程或股东大会的决议，从可向投资者分配的利润中提取的公积金，其提取金额与用途由公司自行决定。该公积金的计提目的是减少以后年度可供分配的利润，主要用途是扩大企业的再生产。如果确因需要，经股东大会同意后，也可用于分配。

根据 2023 年 12 月 29 日修订的《中华人民共和国公司法》第二百一十条规定："公司从税后利润中提取法定公积金后，经股东会决议，还可以从税后利润中提取任意公积金。"也就是说，企业提取任意盈余公积的顺序要在提取法定盈余公积之后。

由此可见，只要企业的法定盈余公积累计金额尚未达到注册资本的 50% 时，就必须要提取法定盈余公积。

企业应设置"盈余公积"科目核算一般盈余公积的提取、使用和结存等情况，同时，还要设置"法定盈余公积""任意盈余公积"和"法定公益金"等明细科目，明确盈余公积的用途，进行明细核算。

当企业提取盈余公积或公益金时，编制以下会计分录：

借：利润分配——提取盈余公积

　　贷：盈余公积——法定盈余公积／任意盈余公积／法定公益金等

当企业用盈余公积弥补亏损时，编制以下会计分录：

借：盈余公积——法定盈余公积／任意盈余公积

　　贷：利润分配——盈余公积补损

当企业用盈余公积转增资本时，编制以下会计分录：

借：盈余公积——法定盈余公积 / 任意盈余公积

　　贷：实收资本 / 股本

关于法定盈余公积弥补亏损以及转增资本的处理，将在本章第二部分所有者权益内外部变动情况介绍，这里先了解法定盈余公积的计提。

实例分析

关于盈余公积的一些账务处理

【例1】

某公司在 2×21 年实现税后利润 120.00 万元，按 10% 的比例提取法定盈余公积，股东大会决议按 10% 提取任意盈余公积。财会人员需要编制如下会计分录：

法定盈余公积 =1 200 000.00×10%=120 000.00（元）

任意盈余公积 =1 200 000.00×10%=120 000.00（元）

借：利润分配——提取法定盈余公积　　　　120 000.00

　　　　　　——提取任意盈余公积　　　　120 000.00

　　贷：盈余公积——法定盈余公积　　　　　　120 000.00

　　　　　　——任意盈余公积　　　　　　　　120 000.00

【例2】

某公司注册资本为 500.00 万元，当前法定盈余公积总额为 200.00 万元，判断该公司当期是否还需要提取法定盈余公积？

注册资本的 50%=500.00×50%=250.00（万元）

由于 250.00 万元大于 200.00 万元，即当前法定盈余公积的总额没有超过注册资本的 50%，因此此期仍然还需提取法定盈余公积。

如果当前法定盈余公积总额为 300.00 万元，此时公司是否需要提取法定盈余公积呢？

法定盈余公积 300.00 万元高于注册资本的 50%，即 250.00 万元，因此当期可以不用再提取法定盈余公积。

（04）未分配利润究竟分不分配，看情况

未分配利润是指企业留待以后年度分配或当期待分配的利润。在未进行分配之前，未分配利润属于所有者权益的组成部分。从数量上看，未分配利润可用以下计算公式表示：

未分配利润 = 期初未分配利润 + 当期实现的净利润 – 提取的各种盈余公积和公益金 – 分配给投资者或股东的利润

也可以理解为，未分配利润是企业实现的净利润经过弥补亏损、提取盈余公积和向投资者分配利润后留存在企业的、历年结存的利润。

相对于所有者权益的其他组成部分，企业对未分配利润的使用拥有较大的自主权。

未分配利润的形成过程，如图 4-7 所示。

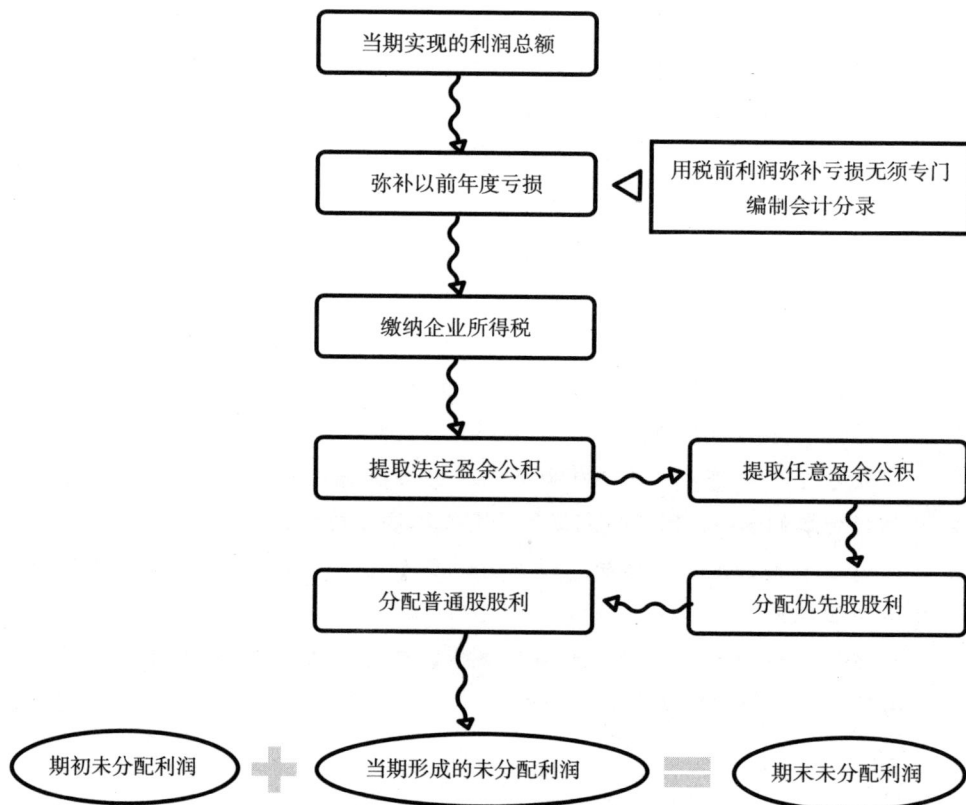

图 4-7　未分配利润的形成过程

一般来说，上市公司实现的净利润不允许全部分完，剩下一部分要留待以后年度进行分配。这样一来，剩下的净利润会结余在"未分配利润"明细科目上。

换句话说，并不是任何情况下企业的未分配利润都可以用来进行分配。具体总结出以下几种情况：

①如果企业发生亏损，应按规定程序先弥补亏损，有剩余的，才形成可供分配利润，留待分配。

②如果企业以前年度亏损尚未弥补完，不得提取法定盈余公积，更不得进行利润分配。

③在提取盈余公积之前，不得向投资者分配利润。

注意：企业弥补亏损后形成的是可供分配利润；提取盈余公积后形成的是可供投资者分配利润，加上以前年度的未分配利润，就形成可供投资者分配利润总额；投资分红后形成的未分配利润，就是留待以后年度在投资者之间进行分配的利润。

在进行未分配利润核算时，通过"利润分配——未分配利润"科目进行，且一般在年度终了时进行。

年终，将本年实现的净利润结转到"利润分配——未分配利润"科目的贷方。年终结转后的"利润分配——未分配利润"科目的贷方余额反映累计的未分配利润，如果是借方余额，则反映累计的未弥补亏损。

实例分析

关于未分配利润的核算处理

某公司 2×19 年亏损 10.00 万元，2×20 年亏损 25.00 万元，2×21 年实现利润 20.00 万元，按规定可用税前利润弥补亏损。假设该公司前期没有未分配利润结余，2×21 年的利润分配如下：

用 2×21 年实现的税前利润 20.00 万元，先弥补 2×19 年的 10.00 万元亏损，还剩 10.00 万元；接着弥补 2×20 年发生的亏损，最后 2×20 年的亏损还剩 15.00 万元（25.00-10.00）没有弥补，此时可以用下一年度（2×22 年）实现的税前利润继续弥补。

所以，2×21年末该公司账面上仍然没有未分配利润。

由于用税前利润弥补亏损不需要专门编制会计分录，相关结果可直接体现在利润表中。

如果该公司2×21年实现利润为35.00万元，则刚好能弥补2×19年和2×20年的经营亏损，此时2×21年末公司账面上仍然没有未分配利润。

如果该公司2×21年实现利润为40.00万元，在弥补了2×19年和2×20年的经营亏损后，还剩下5.00万元（40.00-10.00-25.00）的利润，此时的利润为可供分配利润，需要编制相应的会计分录，将其从"本年利润"科目结转到"利润分配——未分配利润"科目。

借：本年利润　　　　　　　　　　　　　　　50 000.00

　　贷：利润分配——未分配利润　　　　　　　　50 000.00

假设按照规定，需先按照10%的比例提取法定盈余公积，金额为0.50万元（5.00×10%），不需要提取任意盈余公积，编制会计分录如下：

借：利润分配——提取法定盈余公积　　　　　5 000.00

　　贷：盈余公积——法定盈余公积　　　　　　　5 000.00

假设公司2×21年不向投资者分配利润，此时在提取法定盈余公积后剩下的可供分配利润就成为未分配利润，即4.50万元（5.00-0.50）。

⑤ 新准则下的其他综合收益

新准则是指新的会计准则，主要涉及新金融准则、新收入准则和新租赁准则。

"其他综合收益"是新会计准则中新设定的一个科目，是指企业根据相应的会计准则的规定未在当期损益中确认的各项利得和损失，替代以前"资本公积——其他资本公积"科目的部分用途。该科目核算较复杂，读者只了解属于其他综合收益的情况和不属于其他综合收益的情况即可。

（1）属于其他综合收益的情况

属于其他综合收益的情况主要包括七种，如图4-8所示。

以公允价值计量且其变动计入其他综合收益的金融资产

01

02 确认按照权益法核算的、在被投资单位其他综合收益中所享有的份额导致的其他资本公积的增加或减少

计入其他资本公积的现金流量套期工具利得或损失中属于有效套期的部分，以及其后续的转出

03

04 境外经营外币报表折算差额的增加或减少

与计入其他综合收益项目相关的所得税影响

05

06 自用房地产或存货转换为采用公允价值模式计量的投资性房地产，转换当日的公允价值大于原账面价值，其差额计入所有者权益导致的其他资本公积的增加，及处置时的转出

计入其他资本公积的、满足运用套期会计方法条件的境外经营净投资套期产生的利得或损失中有效套期的部分，以及其后续的转出

07

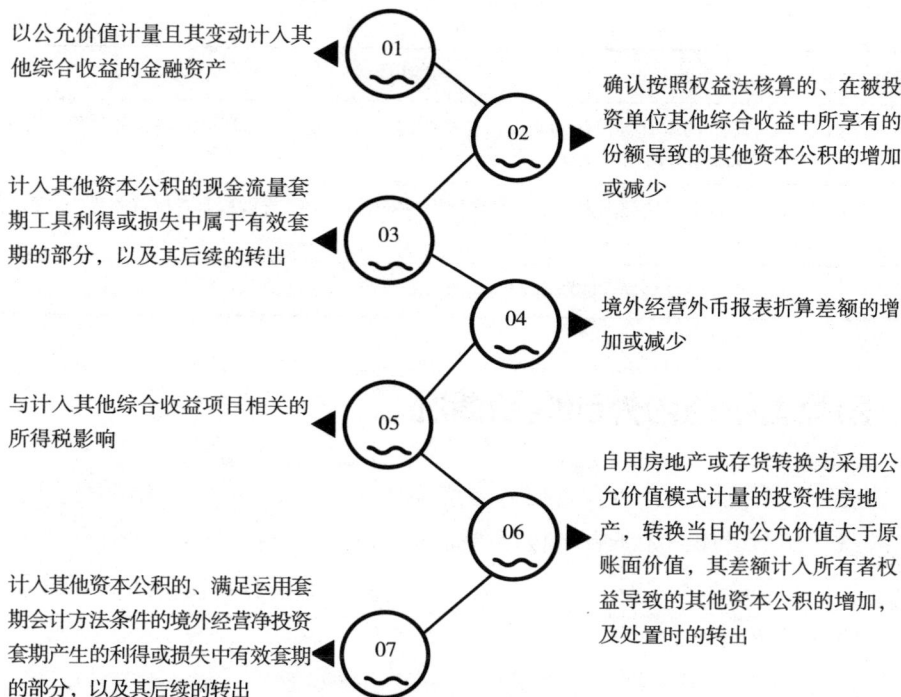

图 4-8　属于其他综合收益的情况

（2）不属于其他综合收益的情况

不属于其他综合收益的情况也比较多，见表 4-1。

表 4-1　不属于其他综合收益的情况

条　目	具体描述
1	所有者资本投入导致的实收资本（或股本）与资本公积（资本溢价）的增加，包括控股股东捐赠视为资本投入而确认的资本公积（资本溢价）增加
2	当期实现净利润导致的所有者权益的增加，以及利润分配导致的所有者权益相关项目的减少
3	同一控制下企业合并，合并方在企业合并中取得的净资产账面价值与支付的合并对价账面价值（或发行股份面值总额）的差额，调整资本公积或留存收益而导致的所有者权益的增减变动
4	编制合并报表时按照权益法核算的子公司除净损益和其他综合收益以外所有者权益的其他变动，导致投资单位相应确认的"其他资本公积"的增减变动
5	以权益结算的股份支付，在确认成本费用时相应增加"其他资本公积"，以及在行权日减少"其他资本公积"和确认的"资本溢价"导致的资本公积的变动

续上表

条目	具体描述
6	减资导致的所有者权益的减少，包括收购本公司股份、库存股的转让和注销而导致的所有者权益项目的增减变动
7	高危行业企业按照国家规定提取和使用的安全生产费，导致所有者权益项目"专项储备"的增加或减少
8	其他权益性交易导致的所有者权益的增减变动

二、所有者权益内外部变动情况

企业在经营过程中，所有者权益通常都会发生变化，如外部增加投资时，所有者权益总额会增加；如所有者权益内部各项目之间进行结转，则所有者权益总额不变，但结构会发生变化。为了更好地了解企业的所有者权益结构，财会人员需要掌握其内外部变动情形。

06 经营良好投资者追加投资，增加实收资本

企业在生产经营过程中，会因为市场环境以及自身的经营能力而使企业经营呈现三种情况，一是盈利，二是亏损，三是保本。其中，当企业经营连续盈利时，就可能吸引更多投资者向企业发起投资。在企业已经成立的情况下，又接受新的投资者投资或原投资者追加投资，就一定会引起所有者权益总额的变化，但是否引起企业注册资本的变化，还需要视情况而定。

当企业投资者中某一位投资者追加投资，若同时按约定增加相应的注册资本，此时各投资者之间所占份额就会发生变化。

无论是原投资者追加投资，还是新投资者加入投资，都会引起企业所有者权益总额的增加，用简单示意图表示如图4-9所示。

所有者权益（原） ＋ 追加投资 ＝ 所有者权益（新）

图4-9　增加投资会增加所有者权益总额

实例分析

投资者追加投资引起实收资本增加和所有者权益结构变化

甲、乙、丙三人共同投资设立了某有限责任公司，原注册资本为500.00万元，甲、乙、丙分别出资200.00万元、200.00万元和100.00万元。由于该公司经营良好，丙决定追加投资100.00万元，同时使注册资本变为600.00万元。该公司如期收到丙追加的现金投资。此时应做如下账务处理。

由于将注册资本从500.00万元变更为600.00万元，刚好需要100.00万元，因此，丙追加投资的100.00万元全部确认为实收资本。

借：银行存款   1 000 000.00

    贷：实收资本——丙   1 000 000.00

在丙未追加投资之前，甲、乙、丙三人的份额比例为2:2:1（200.00:200.00:100.00）。在丙追加投资后，甲、乙、丙三人的份额比例为1:1:1（200.00:200.00:200.00）。

如果有投资者想要追加投资，要保持各投资者在公司所有者权益中的份额不变，那么其他投资者也需要追加投资。

比如丙投资者仍然追加投资100.00万元，因其原来所占份额为20%，要保持其份额不变，追加投资后投资总额应为1 000.00万元（200.00÷20%）。而甲和乙原来所占份额均为40%。

所以，追加投资后，两者的投资数额均为400.00万元（1 000.00×40%），也就是说，甲和乙分别都需要追加投入200.00万元（400.00-200.00）。

假设此时公司的注册资本不变，仍为500.00万元，则超过注册资本的投资数额500.00万元（1 000.00-500.00）。

此时，公司的实收资本大于注册资本，且为注册资本的两倍，换言之，实收资本比原注册资本数额增加了100%。

根据有关规定，企业实收资本比原注册资本数额增减超过20%时，就应持资金使用证明或其他有效证明，向原登记主管机关申请变更登记。

所以，该公司上述追加投资的操作，会导致公司变更注册资本。具体变更为多少，经股东会或股东大会决议批准。需要注意的是，变更了注册资本以后，公司应重新核算"资本公积——资本溢价"科目的金额。

07 资本公积转增资本

资本公积转增资本或股本，就是用企业的资本公积增加企业的资本或股本。

资本公积转增资本时，直接增加"实收资本"科目的账面余额，编制如下会计分录：

借：资本公积

　　贷：实收资本

资本公积转增股本时，直接增加"股本"科目的账面余额，编制如下会计分录：

借：资本公积

　　贷：股本

拓展贴士 *"送股"与"转增股本"的区别*

送股主要是上市公司采用股票鼓励形式进行的利润分配，它的来源是上市公司的留存收益。

而资本公积转增股本是在股东权益内部，按照投资者持有公司的股份份额比例的大小分到各个投资者账户中，以增加每个投资者的投入资本。

资本公积转增资本前后，企业所有者权益变动情况如图 4-10 所示。

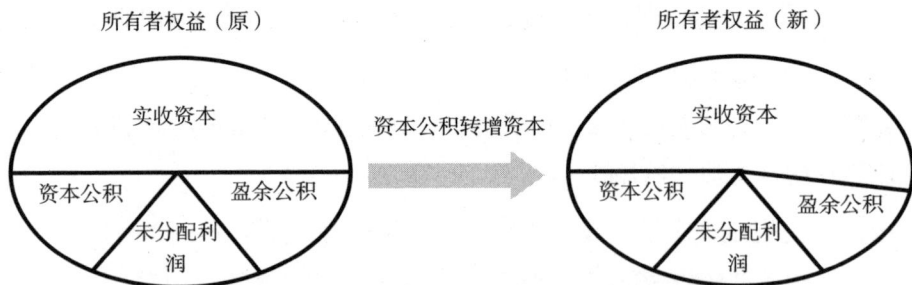

图 4-10　资本公积转增资本的所有者权益变动

实例分析

资本公积转增资本的账务处理

甲、乙、丙三人共同投资设立了某有限责任公司，实际收到的资本 1 000.00 万元，全部确认为注册资本。其中，甲投资 300.00 万元，乙投资 400.00 万元，丙投资 300.00 万元。2×22 年 4 月，公司决定变更注册资本为 1 500.00 万元，并且以资本公积转增资本。相关账务处理如下：

甲投资份额占比 =300.00÷1 000.00×100%=30%

乙投资份额占比 =400.00÷1 000.00×100%=40%

丙投资份额占比 =300.00÷1 000.00×100%=30%

因此，用资本公积 500.00 万元转增资本时，各投资者账户资金增加情况如下：

甲投资增加额 =500.00×30%=150.00（万元）

乙投资增加额 =500.00×40%=200.00（万元）

丙投资增加额 =500.00×30%=150.00（万元）

借：资本公积		5 000 000.00
贷：实收资本——甲		1 500 000.00
——乙		2 000 000.00
——丙		1 500 000.00

08 盈余公积弥补亏损

在了解什么是盈余公积弥补亏损前，先来看看什么是弥补亏损。

企业经营发生亏损时，应由企业自行弥补。而弥补亏损的渠道主要有三条，这三条渠道的使用有先后顺序。

①用以后年度税前利润弥补亏损，即企业经营发生亏损时，可以先通过以后五年内实现的税前利润弥补。

②用以后年度税后利润弥补亏损，即企业发生的亏损在经过五年税前利润弥补后，仍然还有没有弥补的亏损，此时就可以用扣除企业所得税后的利润弥补。

③用盈余公积弥补亏损，即企业以提取的盈余公积弥补亏损，这种方法应由公司董事会提议，并经股东会或股东大会决议批准。

注意，企业不能轻易地用盈余公积弥补亏损，必须严格按照上述弥补亏损的渠道先后顺序进行亏损弥补。也就是说，只有当企业用五年的税后利润弥补亏损后仍然无法完全弥补的，才能动用盈余公积弥补亏损。

盈余公积弥补亏损前后，企业所有者权益变动情况如图 4-11 所示。

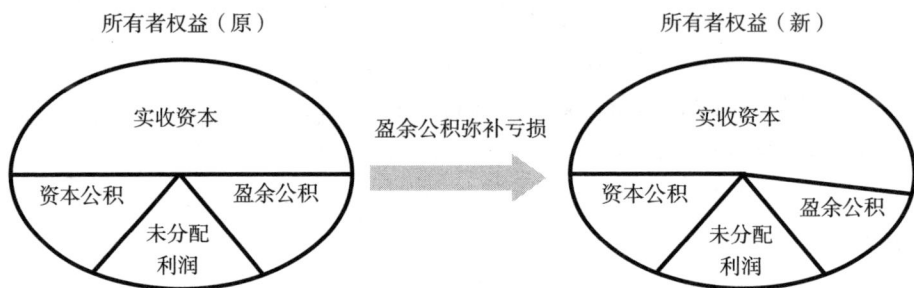

图 4-11 盈余公积弥补亏损的所有者权益变动

实例分析

盈余公积弥补亏损的账务处理

某公司前期发生经营亏损，在连续五年用税后利润弥补亏损后，仍然还有 60.00 万元的亏损尚未得到弥补。此时经股东会决议，用法定盈余公积对尚未弥补的亏损进行弥补。相关账务处理如下：

借：盈余公积——法定盈余公积　　　　　　　　600 000.00
　　贷：利润分配——盈余公积补亏　　　　　　　　　600 000.00

09 盈余公积转增资本

与盈余公积弥补亏损相似，企业用盈余公积转增资本时，需要经过股东会或股东大会决议，通过并批准后才能执行转增资本的操作。

盈余公积转增资本前后，企业所有者权益变动情况如图 4-12 所示。

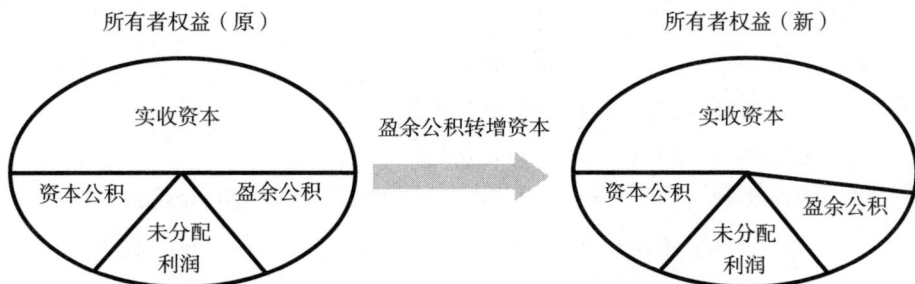

图 4-12　盈余公积转增资本的所有者权益变动

注意，企业用盈余公积转增资本时，应按照转增资本前的实收资本结构比例，将盈余公积转增资本的数额计入"实收资本"科目下的各所有者的投资明细账，相应增加各所有者对企业的投资。

另外，盈余公积转增资本时，法定盈余公积转增后所留存下来的部分不得少于转增前公司注册资本的 25%，任意盈余公积转增资本则不受 25% 的限制。下面通过具体的案例来理解这一规定。

实例分析

盈余公积转增资本时的限制与账务处理

假设某公司原注册资本为 500.00 万元，甲投资 150.00 万元，乙投资 200.00 万元，丙投资 150.00 万元。该公司目前提取了法定盈余公积共有 150.00 万元。2×22 年 4 月，公司拟将一部分盈余公积转增资本，计算该公司最多能用多少盈余公积转增资本？

因为盈余公积转增资本时，法定盈余公积转增后所留存下来的部分不得少于转增前公司注册资本的 25%。也就是说，该公司在动用盈余公积转增资本后，剩余的盈余公积不得少于 125.00 万元（500.00×25%）。所以，该公司最多只能动用 25.00 万元（150.00－125.00）的法定盈余公积。

假设该公司最终决定用 20.00 万元的法定盈余公积转增资本。那么，各投资者的投资增加额计算如下：

甲投资份额占比 =150.00÷500.00×100%=30%

乙投资份额占比 =200.00÷500.00×100%=40%

丙投资份额占比 =150.00÷500.00×100%=30%

甲投资增加额 =20.00×30%=6.00（万元）

乙投资增加额 =20.00×40%=8.00（万元）

丙投资增加额 =20.00×30%=6.00（万元）

借：盈余公积   200 000.00

    贷：实收资本——甲   60 000.00

                    ——乙   80 000.00

                    ——丙   60 000.00

在该案例中，用盈余公积转增资本，使得甲、乙、丙三位投资者的投资额分别增加了 6.00 万元、8.00 万元和 6.00 万元。

⑩ 向投资者或股东分配利润或股利

向投资者或股东分配利润或股利，是指企业在一定时期内对所实现的利润总额及从联营单位分得的利润，按规定向投资者或股东进行分配。对于有限责任公司，通常称为向投资者分配利润；对于股份有限公司，通常称为向股东分配股利。企业向投资者或股东分配利润或股利前后，所有者权益变动情况，如图 4-13 所示。

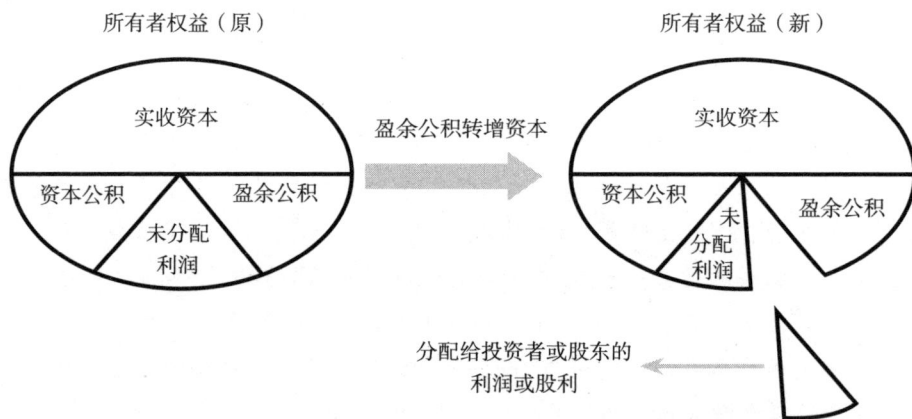

图 4-13 向投资者或股东分配利润或股利的所有者权益变动

①用可供分配利润向投资者或股东分配利润或股利时，需要用到"利润分配"和"应付股利"科目。计提时，可供分配的利润将会减少，所以"利润分配"科目记借方；相应地，应付股利就会增多，"应付股利"科目记贷方。

借：利润分配——应付利润 / 应付现金股利

　　贷：应付股利

②实际支付利润或现金股利时，应付股利减少，同时银行存款也会减少，编制如下会计分录：

借：应付股利

　　贷：银行存款

注意，如果企业按照利润或现金股利分配政策的规定进行分配时，可供分配利润不足，此时经股东会或股东大会的决议批准，可动用盈余公积进行分配。计提应分配的利润或现金股利的会计分录如下：

借：利润分配——应付利润 / 应付现金股利

　　盈余公积

　　贷：应付股利

此时的所有者权益变动情况，如图 4-14 所示。

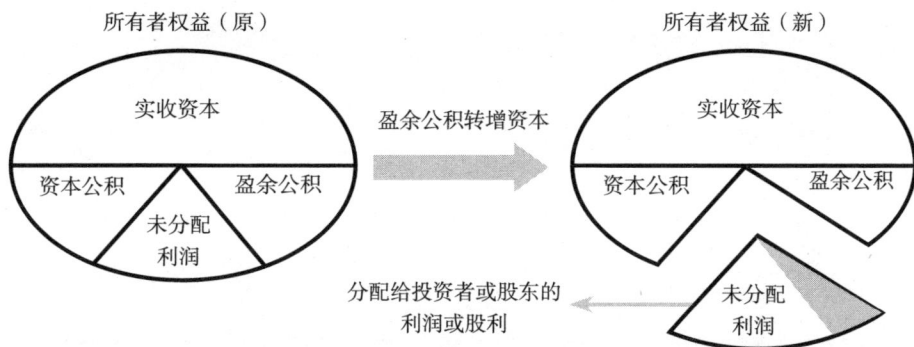

图 4-14　动用盈余公积向投资者或股东分配利润或股利的所有者权益变动

实例分析

向股东分派现金股利的账务处理

某股份有限公司 2×21 年 12 月 31 日的股本为 5 000.00 万元（每股面值 1.00 元），可供投资者分配的利润为 600.00 万元，盈余公积为 2 000.00 万元。2×22 年 3 月 20 日股东大会批准了 2×21 年度利润分配方案，按每 10 股 2.00 元发放现金股利，公司共需分派 1 000.00 万元现金股利，因此需要动用

400.00（1 000.00 — 600.00）万元盈余公积。假定不考虑其他因素，公司应编制如下会计分录：

借：利润分配——应付现金股利　　　　　　　6 000 000.00
　　盈余公积　　　　　　　　　　　　　　　4 000 000.00
　　贷：应付股利　　　　　　　　　　　　　　　　　10 000 000.00
借：应付股利　　　　　　　　　　　　　　　10 000 000.00
　　贷：银行存款　　　　　　　　　　　　　　　　　10 000 000.00

第五章 看清经营收益，促发展

　　企业如何持续发展？怎么做才能壮大规模？如何在经济市场中站稳脚跟？这些目标的实现都要依赖于企业的经营获利。然而获利并非易事，有些管理者甚至无法看清企业是盈利还是亏损，这对企业发展无疑是不利的。所以管理者与财会人员要学会看懂企业经营收益，使企业顺利发展下去。

- ○ 辛苦经营获取收入
- ○ 收入的获取需要付出相应成本与费用
- ○ 经营成果通过利润来直观反映

一、辛苦经营获取收入

企业在经营管理过程中，会因为方方面面的交易或事项而收到钱款，确认收入。但交易或事项是否经常发生，决定了确认的收入类型，大致上分为主营业务收入、其他业务收入和营业外收入这三大类。除此以外，还有其他一些收益，会相应计入当期损益影响利润。

⑴ 日常经营活动赚取主营业务收入

日常经营活动主要指企业为完成其经营目标所从事的经常性活动，如销售商品、提供劳务等，由此产生的收入就是主营业务收入。

关于销售商品收入，应同时满足以下五个条件才能予以确认。

①企业已将商品所有权上的主要风险和报酬转移给购货方。

②企业既没有保留通常与所有权相联系的继续管理权，也没有对已售出的商品实施有效控制。

③相关的经济利益很可能流入企业。

④收入的金额能够可靠地计量。

⑤相关的已发生或将发生的成本能够可靠地计量。

而对于提供劳务收入，有的劳务一次就能完成，但有的劳务需要花费一段较长的时间才能完成。因此，提供劳务收入的确认会因劳务完成时间的不同而不同。

对于一次就能完成的劳务，或在同一会计期间内开始并完成的劳务，应在提供劳务交易完成时确认收入；持续一段时间但在同一会计期间内开始并完成的劳务，应在为提供劳务发生相关支出时确认劳务成本，劳务完成时再确认劳务收入，并结转相关劳务成本。

这里需要事先说明的是，企业在发生交易或事项时，确认收入和结转成本通常都是同时进行的，不会分开处理。本章为了从损和益两个角度介绍企业经营收益情况，会对收入和成本进行分开处理。

下面通过具体的案例，认识"主营业务收入"会计科目及其相关账务处理。

实例分析

一般销售商品业务收入的账务处理

某公司向客户销售一批商品，开出增值税专用发票，发票上注明售价200 000.00元，增值税税额为26 000.00元。该批商品由公司的运输队运输并收取运输费，向客户开出的增值税专用发票注明运输费1 500.00元，增值税税额135.00元，款项均未收到。暂不考虑这批商品的成本处理问题，公司应编制如下会计分录：

借：应收账款	227 635.00
贷：主营业务收入	200 000.00
其他业务收入	1 500.00
应交税费——应交增值税（销项税额）	26 135.00

在该案例中，由于公司尚未收到款项，因此借方科目为"应收账款"，而不是"银行存款"科目；如果此处公司收到了客户开出的不带息银行承兑汇票，则借方科目应为"应收票据"。另外，该案例中公司收到的运输费，属于与日常经营活动有关的业务取得的收入，因此通过"其他业务收入"科目进行核算。关于该收入类科目，在后面的内容中会详细介绍。

如果企业售出商品不符合销售商品收入确认的五个条件，不应确认收入。此时为了单独反映已经发出但尚未确认销售收入的商品成本，企业应增设"发出商品"科目，核算一般销售方式下，已经发出但尚未确认收入的商品成本。等到可以确认收入时，再确认收入并结转销售成本。

实例分析

出售商品暂不能确认收入的账务处理

某公司在2×22年4月19日采用托收承付结算方式向甲公司销售一批商品，开出增值税专用发票，注明售价为150 000.00元，增值税税额为19 500.00元。已知该批商品的成本为90 000.00元，该公司在销售时就已经得知甲公司资金周转发生暂时困难，但为了减少存货积压，也为了维持与甲公司建立的合作关系，公司仍然将商品发出，并办妥托收手续。相关账务处理如下：

①公司发出商品时。

借：发出商品　　　　　　　　　　　　　　　90 000.00
　　贷：库存商品　　　　　　　　　　　　　　　90 000.00

②因为公司已经开出了增值税专用发票，所以纳税义务已经发生，需要确认应交的增值税销项税额。

借：应收账款　　　　　　　　　　　　　　　19 500.00
　　贷：应交税费——应交增值税（销项税额）　19 500.00

如果销售这批商品尚未发生纳税义务，则不做该笔账务处理。

假设在 2×22 年 5 月公司得知甲公司经营情况好转，且甲公司承诺近期付款，则公司应在甲公司承诺付款时确认销售商品收入，并编制如下会计分录：

借：应收账款　　　　　　　　　　　　　　150 000.00
　　贷：主营业务收入　　　　　　　　　　　150 000.00

同时结转产品成本。

借：主营业务成本　　　　　　　　　　　　　90 000.00
　　贷：发出商品　　　　　　　　　　　　　　90 000.00

后续公司收到甲公司支付的货款时，编制如下会计分录：

借：银行存款　　　　　　　　　　　　　　169 500.00
　　贷：应收账款　　　　　　　　　　　　　169 500.00

这里的应收账款总额 169 500.00 元，由 19 500.00+150 000.00 得来。

　　如果企业在销售商品时发生了商业折扣、现金折扣或销售折让，会对企业确认的销售商品收入产生影响，或者对企业的财务费用产生影响。无论是哪一种，最终都会影响企业当期的利润。下面就来看看这些情况下主营业务收入的确认处理。

　　商业折扣是指企业为了促进商品销售而给予的价格扣除。比如，企业为鼓励客户多买商品，可能规定购买 10 件以上商品给予 5% 的折扣；或者规定客户每购买 20 件商品送一件商品。销售商品时发生商业折扣，企业账面上确认的收入金额用下列计算公式确定：

$$收入金额 = 售价 - 商业折扣$$

实例分析

发生商业折扣的主营业务收入处理

某公司在 2×22 年 4 月 20 日赊销一批商品，按照价目表统计的售价共计 12.00 万元。根据买卖双方的合同约定，给予买方 10% 的商业折扣，开具的增值税专用发票上注明不含税价款为 108 000.00 元，增值税税额为 14 040.00 元，代垫运杂费 2 000.00 元。款项尚未收到，相关账务处理如下：

由于商业折扣在销售时已发生，并不构成最终成交价格的一部分，因此，这里以 108 000.00 元确认主营业务收入，而不是按价目表统计出的售价 12.00 万元。另外，企业代垫的运杂费直接通过"银行存款"科目核算。

借：应收账款　　　　　　　　　　　　　　　　124 040.00

　　贷：主营业务收入　　　　　　　　　　　　108 000.00

　　　　应交税费——应交增值税（销项税额）　　14 040.00

　　　　银行存款　　　　　　　　　　　　　　　2 000.00

后续公司收到客户支付的货款时，编制如下会计分录：

借：银行存款　　　　　　　　　　　　　　　　124 040.00

　　贷：应收账款　　　　　　　　　　　　　　124 040.00

现金折扣是指企业为了鼓励购货方在规定的期限内付款而向购货方提供的债务扣除，它一般用符号"折扣率／付款期限"表示。比如"2/10，1/20，*n*/30"表示：企业允许购货方最长的付款期限为 30 天，如果购货方在 10 天内付款，则企业可按商品售价给予客户 2% 的折扣；如果客户在 11 天 ~20 天内付款，企业可按商品售价给予客户 1% 的折扣；如果客户在 21 天 ~30 天内付款，将不能享受现金折扣。销售商品时发生现金折扣，企业账面上确认的收入金额用下列计算公式确定：

$$收入金额 = 售价$$
$$现金折扣 = 售价 \times 相应折扣率 = 财务费用$$

实例分析

发生现金折扣的主营业务收入处理

某公司为增值税一般纳税人，2×22 年 4 月 21 日销售一批商品，不含税售价共 18.00 万元，开出增值税专用发票，注明增值税税额为 23 400.00 元。采供双方在销售合同中约定现金折扣条件为 2/10,1/20,n/30，当天发出商品，符合销售收入确认条件，购货方在 4 月 27 日付款。假设计算现金折扣时不考虑增值税，且暂不考虑成本结转处理问题。

①由于销售商品时尚不确定是否发生现金折扣，因此需要根据售价确认商品销售收入，所以发票上注明的售价为 180 000.00 元，增值税税额为 23 400.00 元。

借：应收账款　　　　　　　　　　　　　　　　203 400.00
　　贷：主营业务收入　　　　　　　　　　　　180 000.00
　　　　应交税费——应交增值税（销项税额）　　23 400.00

②4 月 27 日收到货款时，发生现金折扣，将其计入财务费用。

现金折扣金额 =180 000.00×2%=3 600.00（元）

借：银行存款　　　　　　　　　　　　　　　　199 800.00
　　财务费用　　　　　　　　　　　　　　　　　3 600.00
　　贷：应收账款　　　　　　　　　　　　　　203 400.00

该会计分录中，由于发生了现金折扣 3 600.00 元，公司要少收取这么多钱，最终实际收到的款项为 199 800.00 元（203 400.00−3 600.00），计入"银行存款"科目。

如果在计算现金折扣时要考虑增值税，则计算时不再以 180 000.00 元为基础，而是以价税合计金额 203 400.00 元（180 000.00+23 400.00）为基础。

销售折让是指企业因售出商品的质量不符合要求等原因而在售价上给予的减让。这里主营业务收入的处理要分两种情况：一是销售折让发生在企业确认销售收入之前，则在确认销售收入时直接按扣除销售折让后的金额确认；二是销售折让发生在已经确认销售收入以后，且不属于资产负债表日后事项，应在发生销售折让时冲减当期销售商品收入，同时还要冲减已经确认的应交增值税销项税额。

发生销售折让的主营业务收入处理

某公司向客户销售一批商品，当天开具增值税专用发票，发票注明不含税价款为 8.00 万元，增值税税率 13%，增值税税额为 10 400.00 元。几天后货物到达客户公司，客户发现商品质量不符合合同要求，于是要求销售方在价格上给予 5% 的折让。经确认，客户提出的销售折让要求符合原合同的约定，公司同意并办妥了相关手续，开具了增值税专用发票（红字）。假设公司在客户提出销售折让之前就已经确认了销售收入，只是客户尚未支付货款，发生的销售折让允许扣减当期的增值税销项税额。暂不考虑成本处理问题，相关账务处理如下：

①销售实现并开出增值税专用发票时。

借：应收账款 90 400.00
    贷：主营业务收入 80 000.00
        应交税费——应交增值税（销项税额） 10 400.00

②发生销售折让时，冲减主营业务收入和增值税销项税额。

销售折让金额 =80 000.00×5%=4 000.00（元）

允许冲减的增值税销项税额 =4 000.00×13%=520.00（元）

借：主营业务收入 4 000.00
    应交税费——应交增值税（销项税额） 520.00
        贷：应收账款 4 520.00

③实际收到款项时。

借：银行存款 85 880.00
    贷：应收账款 85 880.00

如果发生销售折让前，该公司的该项销售在货款收回上存在不确定性，公司尚未确认该批商品的销售收入，纳税义务也未发生。而客户在发生销售折让后一个月，承诺付款。由于公司在售出这批商品时没有发生纳税义务，也不能确认收入，因此需要通过"发出商品"科目核算这批商品的成本，假定为 5.00 万元。此时的账务处理如下：

借：发出商品 50 000.00

　　贷：库存商品 50 000.00

在客户承诺付款时，公司需要确认收入。但因为承诺付款时销售折让已经发生，所以就要按照直接扣除销售折让后的金额确认销售收入。

主营业务收入 =80 000.00-80 000.00×5%=76 000.00（元）

增值税销项税额 =76 000.00×13%=9 880.00（元）

借：应收账款 85 880.00

　　贷：主营业务收入 76 000.00

　　　　应交税费——应交增值税（销项税额） 9 880.00

借：主营业务成本 50 000.00

　　贷：发出商品 50 000.00

实际收到货款时。

借：银行存款 85 880.00

　　贷：应收账款 85 880.00

除此以外，企业销售商品业务还可能发生销售退回。发生销售退回时，企业不仅要冲减前期已经确认的销售收入，还应冲减前期已经结转的销售成本；如果前期销售过程中还发生了现金折扣，还需要冲减已经确认的财务费用。当然，如果发生销售退回时，企业还尚未确认收入，也未结转成本，则不需要做冲减收入和成本的账务处理，但需要做冲减"发出商品"的处理。这里不再单独举例了。

⑫ 与日常经营活动有关的业务赚取其他业务收入

与日常经营活动有关的业务是指企业为完成其经营目标所从事的与经常性活动相关的活动，由此实现的收入应是其他业务收入。

企业经营过程中，出售原材料、包装物等存货实现的收入，让渡无形资产等资产使用权的使用费收入，出租固定资产取得的租金，进行债权投资收取的利息，以及进行股权投资取得的现金股利等，都确认为其他业务收入。

实例分析

关于其他业务收入的账务处理

【例1】

某公司为增值税一般纳税人，2×22年4月20日销售一批原材料，开出增值税专用发票，注明不含税价款20 000.00元，增值税税额2 600.00元，款项已由银行收讫。暂不考虑成本的处理，针对该业务的账务处理如下：

借：银行存款   22 600.00

  贷：其他业务收入   20 000.00

    应交税费——应交增值税（销项税额） 2 600.00

【例2】

某公司为增值税一般纳税人，2×22年1月1日向乙公司转让其拥有的专利权的使用权，协议约定转让期为5年，每年末收取使用费180 000元，同时向乙公司开具增值税专用发票，注明价款180 000.00元，税率6%，增值税税额10 800.00元。暂不考虑摊销和成本问题，相关账务处理如下：

借：应收账款   190 800.00

  贷：其他业务收入   180 000.00

    应交税费——应交增值税（销项税额） 10 800.00

03 与日常经营活动无关的业务赚取营业外收入

营业外收入指企业确认的与其日常活动无直接关系的各项利得。由于营业外收入不是企业经营资金耗费所产生的，所以不需要与有关费用进行配比，它实际上是经济利益的净流入。

营业外收入主要包括非流动资产毁损报废收益、盘盈利得、捐赠利得、非货币性资产交换利得与债务重组利得等。

企业处置非流动资产毁损报废收益时，借记"固定资产清理""银行存款""待处理财产损溢"和"无形资产"等科目，贷记"营业外收入"科目。

企业确认盘盈利得和捐赠利得计入营业外收入时，借记"库存现金"和"待处理财产损溢"等科目，贷记"营业外收入"科目。

实例分析

关于营业外收入的账务处理

【例1】

某公司在 2×22 年 4 月底将固定资产报废清理的净收益 20 000.00 元确认为营业外收入，编制如下会计分录：

借：固定资产清理   20 000.00

     贷：营业外收入   20 000.00

【例2】

某公司在现金清查中盘盈了 300.00 元现金，按管理权限报经批准后转入营业外收入。编制会计分录如下：

①盘点现金发现溢余时。

借：库存现金   300.00

     贷：待处理财产损溢   300.00

②经批准后转入营业外收入。

借：待处理财产损溢   300.00

     贷：营业外收入   300.00

④ 资产的公允价值变动，记公允价值变动损益

这里的资产主要指投资性房地产、债务重组、非货币交换的资产和交易性金融资产等，这些资产的公允价值变动形成的、应计入当期损益的利得或损失，确认为公允价值变动损益。简单来说，公允价值变动损益核算的是资产公允价值与账面余额之间的差额。

在资产负债表日，企业应按交易性金融资产的公允价值高于其账面余额的差额，借记"交易性金融资产——公允价值变动"或"投资性房地产——公允价值变动"等科目，贷记"公允价值变动损益"科目。如果资产负债表日资产的公允价值低于其账面余额，则按差额，借记"公允价值变动损益"科目，贷记"交易性金融资产——公允价值变动"或"投资性房地产——公允价值变动"等科目。

实例分析

交易性金融资产的公允价值变动处理

某公司在 2×22 年 2 月 1 日从交易所购入丙公司股票 50 000 股，确认为交易性金融资产，成交价为 10.00 元 / 股，支付手续费 1 50.00 元。相关账务处理如下：

借：交易性金融资产 500 000.00

投资收益 150.00

贷：银行存款 500 150.00

已知在 3 月 31 日，股价达到 11.80 元，期间股价变动没有进行账务处理。则 3 月 31 日应编制如下会计分录：

公允价值与账面余额的差额 =11.80×50 000−500 000.00=90 000.00（元）

借：交易性金融资产——公允价值变动 90 000.00

贷：公允价值变动损益 90 000.00

到了 6 月 30 日，股价跌至 9.80 元，期间的股价变动也没有进行账务处理。则 6 月 30 日应编制如下会计分录：

公允价值与账面余额的差额 =9.80×50 000.00−11.8×50 000.00

=−100 000.00（元）

借：公允价值变动损益 100 000.00

贷：交易性金融资产——公允价值变动 100 000.00

在上述案例中，由于 2 月 1 日~3 月 31 日，股价上涨，即交易性金融资产的公允价值高于其账面余额，因此差额确认公允价值变动损益，并记贷方。而 3 月 31 日 ~6 月 30 日，股价下跌，即交易性金融资产的公允价值低于其账面余额，因此差额确认的公允价值变动损益要记借方。

05 投资获利，计入投资收益

投资收益是指企业以各种方式对外投资所得的收入或发生的损失。比如，企业对外投资取得股利收入、债券利息收入和与其他单位联营所分得的利润等。

长期股权投资采用成本法核算的，企业应按被投资单位宣告发放的现金股利或利润中属于本企业的部分，借记"应收股利"科目，贷记"投资收益"科目。长期股权投资采用权益法核算的，应按根据被投资单位实现的净利润或经调整的净利润计算应享有的份额，借记"长期股权投资——损益调整"科目，贷记"投资收益"科目。

其他一些投资事项按规定获取的收益计入"投资收益"科目的，按相关规定执行。

实例分析

关于投资收益的账务处理

2×21 年 1 月 4 日，某公司购入外单位发行的公司债券，该笔债券于 2×20 年 1 月 1 日发行，面值为 2 000.00 万元，票面利率 5%，债券利息按年支付。公司将其划分为交易性金融资产，支付价款 1 900.00 万元（其中包含已宣告发放的债券利息 100.00 万元），另支付交易费用 2 000.00 元。2×21 年 2 月 10 日，公司收到该笔债券的利息 100.00 万元。2×22 年 2 月 10 日，公司收到债券利息 100.00 万元。相关账务处理如下：

①2×21 年 1 月 4 日购入公司债券。此时支付的交易费用计入投资收益。

借：交易性金融资产——成本   18 000 000.00

    应收利息   1 000 000.00

    投资收益   2 000.00

  贷：银行存款   19 002 000.00

上述会计分录中，"交易性金融资产——成本"科目的金额通过"19 002 000.00－2 000.00－1 000 000.00"计算得出。

②2×21 年 2 月 10 日收到购买价款中包含的已宣告发放的债券利息。

借：银行存款   1 000 000.00

  贷：应收利息   1 000 000.00

③2×21 年 12 月 31 日资产负债表日确认公司的债券利息收入。

借：应收利息   1 000 000.00

  贷：投资收益   1 000 000.00

④2×22 年 2 月 10 日收到持有公司债券的利息。

借：银行存款   1 000 000.00

  贷：应收利息   1 000 000.00

二、收入的获取需要付出相应成本与费用

企业获取收入，往往伴随着成本与费用的产生，收入使得经营收益增加，而成本和费用则使经营收益减少。但是要注意，也有一些收入没有相应的成本或费用相匹配。总的来说，要清楚了解企业经营收益情况，不仅要明白收入，也要搞清楚成本、费用。

⑥ 日常经营活动付出的主营业务成本

主营业务成本是指企业销售商品、提供劳务等经常性活动所发生的成本。企业一般在确认销售商品、提供劳务等主营业务收入时，或在月末，将已售商品、已提供劳务的成本转入主营业务成本。

在核算企业因销售商品、提供劳务等日常活动发生的实际成本时，借记"主营业务成本"科目，贷记"库存商品"或"劳务成本"等科目。期末，将主营业务成本的余额转入"本年利润"科目，借记"本年利润"科目，贷记"主营业务成本"科目。结转后，"主营业务成本"科目无余额。

实例分析

售出商品结转主营业务成本的账务处理

2×22年4月21日，某公司向客户销售一批产品，开具增值税专用发票，注明不含税价款130 000.00元，增值税税额16 900.00元，款项已由银行收讫。已知这批产品的实际成本为85 000.00元，这里不做收入的账务处理，只做成本结转的账务处理。

借：主营业务成本 85 000.00
　　贷：库存商品 85 000.00

如果上述案例中公司向客户售出的产品发生了部分或全部退回，此时公司需要将已结转的成本进行冲减处理。

比如，2×22年4月23日，公司收到客户退回的产品，实际成本为30 000.00元，经查验，符合合同约定的退回条件，公司办妥相关手续。此时需要编制如下会计分录：

借：库存商品　　　　　　　　　　　　　　30 000.00
　　贷：主营业务成本　　　　　　　　　　30 000.00

因为发生销售退回时，对于销售方来说，库存商品增加了，所以"库存商品"科目记借方；同时主营业务成本减少了，所以"主营业务成本"科目记贷方。

⑦ 与日常经营活动有关的业务付出为其他业务成本

其他业务成本是指企业确认的除主营业务活动以外的其他日常经营活动所发生的支出。它主要包括销售材料的成本、出租固定资产的折旧额、出租无形资产的摊销额以及出租包装物的成本或摊销额等。另外，采用成本模式计量投资性房地产的，其投资性房地产计提的折旧额或摊销额也确认为其他业务成本。

因此，企业发生其他业务成本时，借记"其他业务成本"科目，贷记"原材料""周转材料""累计折旧"或"累计摊销"等科目。期末，要将"其他业务成本"科目的余额转入"本年利润"科目，结转后，"其他业务成本"科目无余额。

实例分析

关于其他业务成本的账务处理

【例1】

2×22年4月22日，某公司对外出售一批闲置的原材料，开具增值税专用发票，注明不含税价款12 000.00元，增值税税额1 560.00元，款项已由银行收讫。已知该批原材料的实际成本为9 500.00元，这里不做收入的账务处理，只做成本结转的账务处理。

借：其他业务成本　　　　　　　　　　　9 500.00
　　贷：原材料　　　　　　　　　　　　9 500.00

【例2】

2×22年1月4日，某公司将自有的一栋厂房出租给外单位使用，双方约定每年支付一次租金10.00万元，租期五年。已知该厂房原价为250.00万元，预计净残值为10.00万元，采用直线法计提折旧，累计折旧额120.00万元。该厂房出租期间公司应怎样做其他业务成本账务处理呢？

年折旧额 =（250.00-10.00）÷20=12.00（万元）

月折旧额 =12.00÷12=1.00（万元）

由于固定资产应按月计提折旧，因此，在厂房出租期间，每月确认累计折旧额的同时，确认其他业务成本。

借：其他业务成本　　　　　　　　　　　10 000.00

　　贷：累计折旧　　　　　　　　　　　　　10 000.00

【例3】

2×22 年 4 月 1 日，某公司将自行开发完成的一项非专利技术出租给外单位使用。已知该非专利技术的成本为 65.00 万元，预计使用年限为 20 年，采用直线法进行摊销，双方约定的租赁期为五年。租赁期间相关账务处理如下：

年摊销额 =65.00÷20=3.25（万元）

月摊销额 =3.25÷12 ≈ 0.27（万元）

该公司每月在对非专利技术进行成本摊销时，需要确认其他业务成本，编制如下会计分录：

借：其他业务成本　　　　　　　　　　　2 700.00

　　贷：累计摊销　　　　　　　　　　　　　2 700.00

⑧ 与日常经营活动无关的付出为营业外支出

营业外支出是指企业发生的与日常活动无直接关系的各项损失，主要包括非流动资产毁损报废净损失、公益性捐赠支出、盘亏损失、非常损失、罚款支出、非货币性资产交换损失和债务重组损失等。其中，非流动资产毁损报废净损失是指因自然灾害等发生毁损、已丧失使用功能而报废非流动资产所产生的清理损失。

企业确认处置非流动资产毁损、报废净损失时，借记"营业外支出"科目，贷记"固定资产清理"或"无形资产"等科目。

企业确认盘亏、罚款支出等计入营业外支出时，借记"营业外支出"科目，贷记"待处理财产损溢"或"库存现金"等科目。

期末，应将"营业外支出"科目余额转入"本年利润"科目，结转后，"营业外支出"科目无余额。

实例分析

关于营业外支出的账务处理

【例1】

2×19年1月1日，某公司取得一台生产用设备，价值80.00万元，确认为固定资产，采用年限平均法折旧，折旧期限为10年，假设预计净残值为4.00万元。2×22年1月1日，该设备遭受雷击，无法再进行生产工作，公司决定将其转入报废处理。报废时已累计折旧22.80万元，同时收回残料变价收入1.00万元，未计提减值准备。相关账务处理如下：

①将报废的生产设备转入清理。

借：固定资产清理   572 000.00

  累计折旧   228 000.00

   贷：固定资产——生产设备   800 000.00

②报废处理时收回残料。

借：银行存款   10 000.00

   贷：固定资产清理   10 000.00

③由于该生产设备是因雷击而报废，属于自然灾害原因导致，因此其净损失要计入营业外支出，而不是计入资产处置损益。

报废净损失 =572 000.00−10 000.00=562 000.00（元）

借：营业外支出   562 000.00

   贷：固定资产清理   562 000.00

【例2】

2×15年1月4日某公司取得一项非专利技术，价值60.00万元，确认为无形资产，采用直线法摊销，摊销期限为10年。2×22年1月4日，由于该技术已经被其他新技术替代，公司决定将其转入报废处理，报废时已累计摊销42.00万元，未计提减值准备。

相关账务处理如下（由于该非专利技术不能再为企业带来未来经济利益，因此报废处理时直接将净损失计入营业外支出）：

借：营业外支出   180 000.00

  累计摊销   420 000.00

   贷：无形资产   600 000.00

【例3】

某公司在 2×22 年 4 月底进行财产清查，发现原材料短缺 2 000.00 元，无法查明原因，经批准全部转做营业外支出。

①发现原材料短缺时。

借：待处理财产损溢   2 000.00

    贷：原材料   2 000.00

②经批准转做营业外支出。

借：营业外支出   2 000.00

    贷：待处理财产损溢   2 000.00

【例4】

某公司在 2×21 年 12 月用银行存款支付税款滞纳金 4 000.00 元，账务处理如下：

借：营业外支出   4 000.00

    贷：银行存款   4 000.00

09 行政管理与部分职工薪酬需计入管理费用

管理费用指企业为了组织和管理生产经营活动而发生的各种费用，包括企业筹建期间发生的开办费、董事会和行政管理部门在企业经营管理工作中发生的办公费和差旅费、聘请中介机构费、咨询费、诉讼费和业务招待费，以及行政管理部门的职工薪酬等。

"管理费用"科目借方登记企业发生的各项管理费用，贷方登记期末转入"本年利润"科目的管理费用。结转后，"管理费用"科目应无余额。该科目可以按照管理费用的费用项目进行明细核算，如"管理费用——办公费""管理费用——差旅费"或"管理费用——工资"等。

实例分析

与管理费用有关的账务处理

【例1】

2×22 年 4 月，某公司行政部门共发生费用 188 000.00 元，其中，行政人员薪酬 150 000.00 元，报销行政人员差旅费 21 000.00 元（假设报销人员均没有预借差旅费），发生业务招待费支出 10 000.00 元，其他办公费和水电费共计 7 000.00 元，均用银行存款支付。不考虑增值税等因素，相关账务处理如下：

直接用银行存款支付的业务招待费、办公费和水电费，计入"银行存款"科目；报销行政人员差旅费用库存现金结算。

借：管理费用　　　　　　　　　　　　　　188 000.00
　　贷：应付职工薪酬　　　　　　　　　　　150 000.00
　　　　库存现金　　　　　　　　　　　　　 21 000.00
　　　　银行存款　　　　　　　　　　　　　 17 000.00

【例2】

2×22 年 4 月，某公司计提管理部门用固定资产的折旧，金额 40 000 元。

相关账务处理如下：

借：管理费用　　　　　　　　　　　　　　 40 000.00
　　贷：累计折旧　　　　　　　　　　　　　 40 000.00

⑩ 与销售活动相关的费用支出计入销售费用

销售费用指企业销售商品和材料、提供劳务的过程中发生的各种费用，如发生的保险费、包装费、展览费、广告费、商品维修费、运输费、装卸费以及为销售本企业商品而专设的销售机构的职工薪酬、业务费和折旧费等经营费用。

"销售费用"科目借方登记企业发生的各项销售费用，贷方登记期末转入"本年利润"科目的销售费用，结转后，"销售费用"科目应无余额。该科目也可以按销售费用的费用项目进行明细核算，如"销售费用——业务招待费""销售费用——广告费""销售费用——保险费""销售费用——装卸费"或"销售费用——包装费"等。

实例分析

与销售费用有关的账务处理

【例1】

某公司为增值税一般纳税人，在 2×22 年 5 月 5 日为宣传新产品发生广告费支出，取得增值税专用发票，注明价款 15 000.00 元，增值税税额 900.00 元，用银行存款支付。相关账务处理如下：

借：销售费用——广告费   15 000.00

  应交税费——应交增值税（进项税额） 900.00

   贷：银行存款   15 900.00

【例2】

某公司销售部门在 2×22 年 5 月共发生费用 180 000.00 元，其中，销售人员薪酬 120 000.00 元，销售部门专用办公设备折旧费 30 000.00 元，业务招待费 30 000.00 元，以银行存款支付。假定不考虑增值税等因素，相关账务处理如下：

借：销售费用   180 000.00

  贷：应付职工薪酬   120 000.00

   累计折旧   30 000.00

   银行存款   30 000.00

⑪ 与筹集资金有关的费用支出计入财务费用

财务费用指企业为筹集生产经营所需资金而发生的筹资费用，包括利息支出（利息收入时冲减财务费用）、汇兑损益、相关手续费和企业发生的现金折扣等。

"财务费用"科目借方登记企业发生的各项财务费用，贷方登记期末转入"本年利润"科目的财务费用，结转后，"财务费用"科目应无余额。该科目应按照财务费用的费用项目进行明细核算，如"财务费用——手续费""财务费用——利息支出""财务费用——利息收入"或"财务费用——汇兑损益"等。

实例分析

与财务费用有关的账务处理

【例1】

2×22年4月1日，某公司向银行借入生产经营用的短期借款30.00万元，期限为6个月，年利率为3.7%，该借款本金到期后一次归还，利息分月预提，按季支付。相关账务处理如下：

每月末预提当月应付利息 =300 000.00×3.7%÷12=925.00（元）

借：财务费用——利息支出　　　　　　　　　　　　925.00

　　贷：应付利息　　　　　　　　　　　　　　　　　　925.00

按季支付利息时。

借：银行存款　　　　　　　　　　　　　　　　　　925.00

　　贷：财务费用——利息支出　　　　　　　　　　　925.00

【例2】

2×22年5月6日，某公司在购买材料的业务中，获得对方给予的现金折扣6 000.00元。相关账务处理如下：

借：应付账款　　　　　　　　　　　　　　　　　6 000.00

　　贷：财务费用——现金折扣　　　　　　　　　　6 000.00

本例中公司获得的现金折扣，是一种变相的收入，在会计核算工作中要按现金折扣金额冲减财务费用，所以"财务费用"科目记贷方。

⑫ 缴纳企业所得税时需要登记所得税费用

企业的所得税费用包括当期所得税和递延所得税两部分。其中，当期所得税是指当期应交所得税；递延所得税又包括递延所得税资产和递延所得税负债。这些所得税项目的关系，如图5-1所示。

企业当期核算需要缴纳的企业所得税时，借记"所得税费用"科目，贷记"应交税费——应交企业所得税"科目。如果在资产负债表日，还要处理递延所得税资产和递延所得税负债。当递延所得税资产期末余额大于期初余额，借记"递延所得税资产"科目，贷记"所得税费用"科目；当递延所得税资产期末余额小于

应交所得税 = 应纳税所得额 × 所得税税率

应纳税所得额 = 税前会计利润 + 纳税调整增加额 − 纳税调整减少额

当期所得税 **+** 递延所得税 **=** 当期所得税费用

递延所得税 =（递延所得税负债的期末余额 − 递延所得税负债的期初余额）−（递延所得税资产的期末余额 − 递延所得税资产的期初余额）

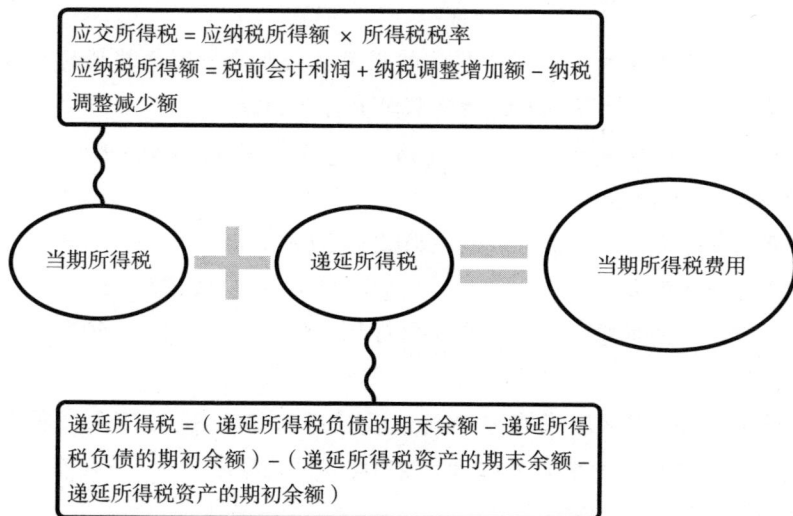

图 5-1 所得税费用的组成关系

拓展贴士 *什么是递延所得税资产和递延所得税负债*

递延所得税资产是指以未来期间很可能取得用来抵扣可抵扣暂时性差异的应纳税所得额为限确认的一项资产。递延所得税负债是指根据应纳税暂时性差异计算的未来期间应付所得税的金额。

期初余额，做相反分录。当递延所得税负债期末余额大于期初余额，借记"所得税费用"科目，贷记"递延所得税负债"科目；当递延所得税负债期末余额小于期初余额，做相反分录。

下面通过案例来切实了解所得税费用的核算与账务处理。

实例分析

所得税费用的核算与账务处理

【例 1】

某公司 2×21 年全年税前会计利润（即利润表中的利润总额）为 820.00 万元，其中包括当年实现的国债利息收入 15.00 万元，所得税税率为 25%。假设全年无其他纳税调整事项，且无递延所得税资产和递延所得税负债，相关计算和账务处理如下（按照企业所得税法的规定，企业购买国债的利息收入免交企业所得税，因此在计算应纳税所得额时要将其扣除）：

应纳税所得额 = 税前会计利润 − 纳税调整减少额 =820.00−15.00= 805.00（万元）

当期应交所得税 =805.00×25%=201.25（万元）

借：所得税费用   2 012 500.00

    贷：应交税费——应交企业所得税   2 012 500.00

【例2】

假设上述公司 2×21 年递延所得税负债年初数为 30.00 万元，年末数为 40.00 万元，递延所得税资产年初数为 20.00 万元，年末数为 10.00 万元。相关计算和账务处理如下：

递延所得税 =（40.00−30.00）−（10.00−20.00）=20.00（万元）

所得税费用 = 当期应交所得税 + 递延所得税 =201.25+20.00=221.25（万元）

由于递延所得税资产期末数小于期初数，因此记贷方；递延所得税负债期末数大于期初数，也记贷方。

借：所得税费用   2 212 500.00

    贷：应交税费——应交企业所得税   2 012 500.00

        递延所得税负债   100 000.00

        递延所得税资产   100 000.00

三、经营成果通过利润来直观反映

企业生产经营的成果，用利润表来反映。换句话说，财会人员核算的损益类科目的数据，需要对号入座地填入利润表中。本节将对利润表的结构作简单介绍。

⑬ 主营业务和其他业务的利润相加——营业利润

营业利润一般指销售利润，是企业在其全部销售业务中实现的利润，包括主营业务利润和其他业务利润。怎么计算营业利润呢？可借助以下所示的计算公式确定：

营业利润 = 营业收入 − 营业成本 − 税金及附加 − 销售费用 − 管理费用 − 财务费用 − 信用减值损失 − 资产减值损失 + 公允价值变动收益（− 公允价值变动损失）+ 投资收益（− 投资损失）+ 其他收益 + 资产处置收益（− 资产处置损失）

通过利润表结构来印证上述计算公式，如图 5-2 所示。

利润表

会企 02 表

编制单位：	年 月	单位：元

项目	本期金额	上期金额
一、营业收入		
减：营业成本		
税金及附加		
销售费用		
管理费用		
研发费用		
财务费用		
其中：利息费用		
利息收入		
加：其他收益		
投资收益（损失以 "−" 号填列）		
其中：对联营企业和合营企业的投资收益		
以摊余成本计量的金融资产终止确认收益（损失以 "−" 填列）		
净敞口套期收益（损失以 "−" 号填列）		
公允价值变动收益（损失以 "−" 号填列）		
信用减值损失（损失以 "−" 号填列）		
资产减值损失（损失以 "−" 号填列）		
资产处置收益（损失以 "−" 号填列）		
二、营业利润（亏损以 "−" 号填列）		

图 5-2 利润表中营业利润的由来

⑭ 营业利润加上营业外收支净额——利润总额

营业外收支净额是指企业的营业外收入与营业外支出的差额，它是企业在一定会计期间内正常经营活动以外的各项收入与支出相抵后的余额。

营业外收支虽然与企业生产经营活动没有直接关系，但从企业主体来看，营业外收支也是增加或减少利润的因素，对企业的利润总额和净利润产生直接影响。企业利润总额的计算公式如下：

利润总额 = 营业利润 + 营业外收支净额 = 营业利润 +（营业外收入 − 营业外支出）

利润总额的计算原理也能通过利润表结构反映，如图 5-3 所示。

二、营业利润（亏损以"-"号填列）		
加：营业外收入		
减：营业外支出		
三、利润总额（亏损总额以"-"号填列）		

图 5-3　利润表中利润总额的由来

利润总额是企业计算当期应交所得税的基础，也可以称为计税依据。

⑮ 获取的利润扣除所得税费用——净利润

净利润是指企业当期利润总额减去所得税后的金额，即企业的税后利润。换个角度，净利润是指在利润总额中按规定缴纳了所得税后公司的利润留存。从数量上看，计算公式如下：

$$净利润 = 利润总额 - 所得税费用$$

同样，净利润的计算原理也能通过利润表结构反映，如图 5-4 所示。

三、利润总额（亏损总额以"-"号填列）		
减：所得税费用		
四、净利润（净亏损以"-"号填列）		
（一）持续经营净利润（净亏损以"-"号填列）		
（二）终止经营净利润（净亏损以"-"号填列）		

图 5-4　利润表中净利润的由来

净利润是一个企业经营的最终成果，是衡量企业经营效益的主要指标。净利润多，企业的经营效益好；净利润少，企业的经营效益就差。

以上是企业生产经营过程中影响利润的主要项目的处理。企业应设置"本年利润"科目，核算企业本年度实现的净利润或发生的净亏损。

会计期末，企业应将"主营业务收入""其他业务收入""其他收益"和"营业外收入"等科目的余额都转入"本年利润"科目的贷方；同时将"主营业务成本""其他业务成本""税金及附加""销售费用""管理费用""财务费用""资产减值损失""营业外支出"和"所得税费用"等科目的余额都转入"本年利润"科目的借方。另外，还要将"公允价值变动损益""投资收益"和"资产处置损益"等科目的净收益转入"本年利润"科目的贷方，或者将这些科目的净损失转入"本年利润"科目的借方。结转后，"本年利润"科目如果为贷方余额，表示企业当年实现的是净利润；如果为借方余额，表示企业当年发生净亏损。

年度终了，企业还应将"本年利润"科目的本年累计余额转入"利润分配——

未分配利润"科目，若"本年利润"科目为贷方余额，借记"本年利润"科目，贷记"利润分配——未分配利润"科目；若为借方余额，借记"利润分配——未分配利润"科目，贷记"本年利润"科目。

实例分析

关于"本年利润"科目的账务处理

某公司 2×21 年有关损益类科目的年末余额情况见表 5-1。

表 5-1 公司 2×21 年损益类科目的年末余额

科目名称	借或贷	结账前余额（元）
主营业务收入	贷	8 000 000.00
其他业务收入	贷	933 300.00
公允价值变动损益	贷	200 000.00
投资收益	贷	1 330 000.00
营业外收入	贷	68 000.00
主营业务成本	借	5 340 000.00
其他业务成本	借	500 000.00
税金及附加	借	105 000.00
销售费用	借	670 000.00
管理费用	借	1 025 000.00
财务费用	借	260 000.00
资产减值损失	借	120 000.00
营业外支出	借	100 000.00

①结转各项收入、利得类科目的余额至"本年利润"科目的贷方。

借：主营业务收入　　　　　　　　　　　8 000 000.00

　　其他业务收入　　　　　　　　　　　　933 300.00

　　公允价值变动损益　　　　　　　　　　200 000.00

　　投资收益　　　　　　　　　　　　　1 330 000.00

　　营业外收入　　　　　　　　　　　　　　　68 000.00

　　　贷：本年利润　　　　　　　　　　　　　10 531 300.00

②结转各项费用、损失类科目的余额至"本年利润"科目的借方。

借：本年利润　　　　　　　　　　　　　　　8 120 000.00

　　贷：主营业务成本　　　　　　　　　　　　5 340 000.00

　　　　其他业务成本　　　　　　　　　　　　　500 000.00

　　　　税金及附加　　　　　　　　　　　　　　105 000.00

　　　　销售费用　　　　　　　　　　　　　　　670 000.00

　　　　管理费用　　　　　　　　　　　　　　1 025 000.00

　　　　财务费用　　　　　　　　　　　　　　　260 000.00

　　　　资产减值损失　　　　　　　　　　　　　120 000.00

　　　　营业外支出　　　　　　　　　　　　　　100 000.00

　　③经过上述结转，"本年利润"科目的贷方发生额合计 10 531 300.00 元，减去借方发生额合计 8 120 000.00 元，得税前会计利润 2 411 300.00 元。

　　④假设该公司 2×21 年不存在所得税纳税调整项目，企业所得税税率为 25%。

　　　应交所得税 =2 411 300.00×25%=602 825.00（元）

　　⑤确认所得税费用，并将其结转入"本年利润"科目的借方。

　　借：所得税费用　　　　　　　　　　　　　　602 825.00

　　　　贷：应交税费——应交企业所得税　　　　602 825.00

　　借：本年利润　　　　　　　　　　　　　　　602 825.00

　　　　贷：所得税费用　　　　　　　　　　　　602 825.00

　　⑥至此，"本年利润"科目的年末余额为 1 808 475.00 元（10 531 300.00-8 120 000.00-602 825.00），且余额在贷方，将其转入"利润分配——未分配利润"科目的贷方。

　　借：本年利润　　　　　　　　　　　　　　　1 808 475.00

　　　　贷：利润分配——未分配利润　　　　　　1 808 475.00

第六章 认识并运用报表，提升技能

为了系统地收集企业经营数据，人们需要用财务报表来对这些数据进行规整，以此来反映企业或预算单位某个时点的财务状况和一定时期内资金、利润状况。报表使用者通过阅览资产负债表、利润表、现金流量表和所有者权益变动表，就能初步判断企业的资产结构、财务状况、经营成果、现金流量和所有者权益结构。

○ 四大报表一定要牢记
○ 报表中的财务分析技术

一、四大报表一定要牢记

四大财务报表分别反映了企业的财务状况、经营成果、现金流量和所有者权益结构等信息，这些都是财务报告中披露出的内容。证明一个人对经营情况是否有了解，那一定要看其是否会看四大财务报表。

⑴ 看资产负债表了解公司资产结构

资产负债表也称财务状况表，是表示企业在某一个时点（通常为各会计期末）的财务状况的会计报表。这里的财务状况就是指企业资产、负债和所有者权益的状况。

资产负债表主要根据会计平衡原则，依据"资产 = 负债 + 所有者权益"这一会计恒等式，将遵循会计原则的资产、负债和所有者权益（或股东权益）等项目分为"资产"和"负债及所有者权益（或股东权益）"两大区块。

由于我国企业使用较多的是账户式资产负债表，因此就将"资产"和"负债及所有者权益（或股东权益）"两大区块分列在资产负债表的左右两侧，形成左右结构的资产负债表。

①左边列示资产各项目，反映企业全部资产的分布和存在形态；

②右边列示负债和所有者权益各项目，反映全部负债和所有者权益的内容与构成情况。而右侧又分为上下两个部分，负债各项目列示在上方，所有者权益各项目列示在下方。

如图 6-1 所示的是适用于已经执行新金融准则、新收入准则和新租赁准则的企业资产负债表的样式。

在账户式资产负债表中，资产各项目的合计等于负债和所有者权益各项目的合计。如果资产各项目的年末余额合计数不等于负债和所有者权益各项目的年末余额合计数，或者资产各项目的年初合计数不等于负债和所有者权益各项目的年初合计数，则说明资产负债表记录有误，或者记账有误，此时就需要财会人员尽可能找出错账。

资产负债表

会企 01 表

编制单位： 　　　年　月　日 单位：元

资产	期末余额	年初余额	负债和所有者权益（或股东权益）	期末余额	年初余额
流动资产：			流动负债：		
货币资金			短期借款		
交易性金融资产			交易性金融负债		
衍生金融资产			衍生金融负债		
应收票据			应付票据		
应收账款			应付账款		
应收账款融资			预收款项		
预付款项			合同负债		
其他应收款			应付职工薪酬		
存货			应交税费		
合同资产			其他应付款		
持有待售资产			持有待售负债		
一年内到期的非流动资产			一年内到期的非流动负债		
其他流动资产			其他流动负债		
流动资产合计			流动负债合计		
非流动资产：			非流动负债：		
债权投资			长期借款		
其他债权投资			应付债券		
长期应收款			其中：优先股		
长期股权投资			永续债		
其他权益工具投资			租赁负债		
其他非流动金融资产			长期应付款		
投资性房地产			预计负债		
固定资产			递延收益		
在建工程			递延所得税负债		
生产性生物资产			其他非流动负债		
油气资产			非流动负债合计		
使用权资产			负债合计		
无形资产			所有者权益（或股东权益）：		
开发支出			实收资本（或股本）		
商誉			其他权益工具		
长期待摊费用			其中：优先股		
递延所得税资产			永续债		
其他非流动资产			资本公积		
非流动资产合计			减：库存股		
			其他综合收益		
			专项储备		
			盈余公积		
			未分配利润		
			所有者权益（或股东权益）合计		
资产总计			负债和所有者权益（或股东权益）总计		

单位负责人： 财务主管： 制表人：

图 6-1　适用于已执行新金融准则、新收入准则和新租赁准则的资产负债表

② 看利润表知晓公司当期经营成果

利润表又称损益表，是反映企业在一定会计期间内的经营成果的会计报表，它主要根据"收入－费用＝利润"这一会计恒等式来编制。

利润表的结构有单步式和多步式两种。单步式利润表是将当期所有收入项目列示在一起，所有费用项目列示在一起，然后将两者相减，得出当期净损益。简单的单步式利润表结构，如图 6-2 所示。

利润表

编制单位：　　年　月　日　　　　单位：元

项目	行次	本月数	本年累计数
一、收入			
主营业务收入			
其他业务收入			
投资收益			
营业外收入			
……			
收入合计			
二、费用			
主营业务成本			
其他业务成本			
税金及附加			
销售费用			
管理费用			
财务费用			
营业外支出			
所得税费用			
……			
费用合计			
三、净利润			

图 6-2　单步式利润表

我国企业大多采用多步式利润表，即通过对当期的收入、费用和支出项目按性质加以归类，按利润形成的主要环节列示一些中间性利润指标，分步计算当期净损益，以便财务报表使用者理解企业经营成果的不同来源。如图 6-3 所示的是适用于已经执行新金融准则、新收入准则和新租赁准则的企业利润表的样式。

利润表

会企 02 表

编制单位： 年 月 单位：元

项目	本期金额	上期金额
一、营业收入		
减：营业成本		
税金及附加		
销售费用		
管理费用		
研发费用		
财务费用		
其中：利息费用		
利息收入		
加：其他收益		
投资收益（损失以"－"号填列）		
其中：对联营企业和合营企业的投资收益		
以摊余成本计量的金融资产终止确认收益（损失以"－"填列）		
净敞口套期收益（损失以"－"号填列）		
公允价值变动收益（损失以"－"号填列）		
信用减值损失（损失以"－"号填列）		
资产减值损失（损失以"－"号填列）		
资产处置收益（损失以"－"号填列）		
二、营业利润（亏损以"－"号填列）		
加：营业外收入		
减：营业外支出		
三、利润总额（亏损总额以"－"号填列）		
减：所得税费用		
四、净利润（净亏损以"－"号填列）		
（一）持续经营净利润（净亏损以"－"号填列）		
（二）终止经营净利润（净亏损以"－"号填列）		
五、其他综合收益的税后净额		
（一）不能重分类进损益的其他综合收益		
1.重新计量设定受益计划变动额		
2.权益法下不能转损益的其他综合收益		
3.其他权益工具投资公允价值变动		
4.企业自身信用风险公允价值变动		
……		
（二）将重分类进损益的其他综合收益		
1.权益法下可转损益的其他综合收益		
2.其他债权投资公允价值变动		
3.金融资产重分类计入其他综合收益的金额		
4.其他债权投资信用减值准备		
5.现金流量套期储备		
6.外币财务报表折算差额		
……		
六、综合收益总额		
七、每股收益：		
（一）基本每股收益		
（二）稀释每股收益		

图 6-3　适用于已执行新金融准则、新收入准则和新租赁准则的利润表

多步式利润表反映的企业当期净损益的计算过程，如图 6-4 所示。

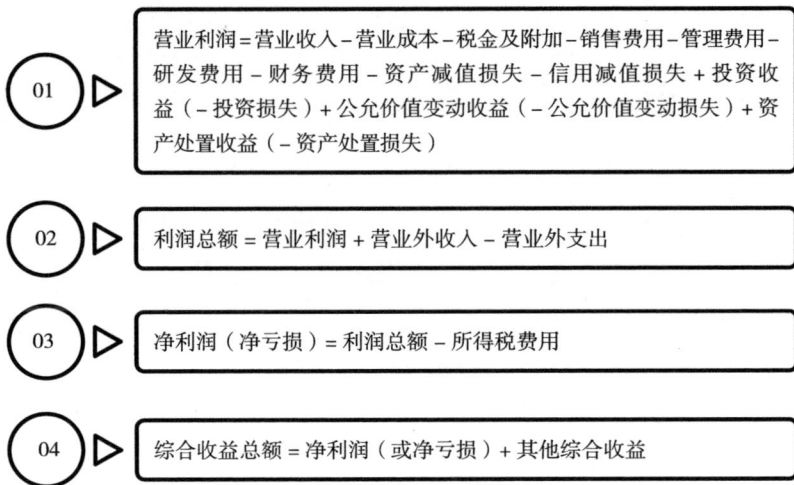

01 营业利润＝营业收入－营业成本－税金及附加－销售费用－管理费用－研发费用－财务费用－资产减值损失－信用减值损失＋投资收益（－投资损失）＋公允价值变动收益（－公允价值变动损失）＋资产处置收益（－资产处置损失）

02 利润总额＝营业利润＋营业外收入－营业外支出

03 净利润（净亏损）＝利润总额－所得税费用

04 综合收益总额＝净利润（或净亏损）＋其他综合收益

图 6-4　利润表反映的企业净损益的计算过程

③ 看现金流量表掌握企业现金流情况

现金流量表是反映企业在某一固定期间内的现金及现金等价物的增减变动情况的会计报表，它可以反映出资产负债表中各个项目对现金流量的影响。

根据现金流量的用途，可将现金流量表分为经营、投资和筹资这三个活动分类。现金流量表可用于分析一家机构、企业在短期内是否有足够的现金去应付开销，在某种程度上可以反映出企业的短期偿债能力和短期生存能力，尤其是缴付账单的能力。

现金流量表在反映经营、投资和筹资这三类活动的现金流量情况时，会分别从现金流入和流出两个方面进行。

如图 6-5 所示的是适用于已经执行新金融准则、新收入准则和新租赁准则的企业现金流量表的样式。

现金流量表

会企 03 表

编制单位： 年 月 单位：元

项目	本月金额	本年累计金额
一、经营活动产生的现金流量：		
销售商品、提供劳务收到的现金		
收到的税费返还		
收到其他与经营活动有关的现金		
经营活动现金流入小计		
购买商品、接受劳务支付的现金		
支付给职工以及为职工支付的现金		
支付的各项税费		
支付其他与经营活动有关的现金		
经营活动现金流出小计		
经营活动产生的现金流量净额		
二、投资活动产生的现金流量：		
收回投资收到的现金		
取得投资收益收到的现金		
处置固定资产、无形资产和其他长期资产收回的现金净额		
处置子公司及其他营业单位收到的现金净额		
收到其他与投资活动有关的现金		
投资活动现金流入小计		
购建固定资产、无形资产和其他长期资产支付的现金		
投资支付的现金		
取得子公司及其他营业单位支付的现金净额		
支付其他与投资活动有关的现金		
投资活动现金流出小计		
投资活动产生的现金流量净额		
三、筹资活动产生的现金流量：		
吸收投资收到的现金		
取得借款收到的现金		
收到其他与筹资活动有关的现金		
筹资活动现金流入小计		
偿还债务支付的现金		
分配股利、利润或偿付利息支付的现金		
支付其他与筹资活动有关的现金		
筹资活动现金流出小计		
筹资活动产生的现金流量净额		
四、汇率变动对现金及现金等价物的影响		
五、现金及现金等价物净增加额		
加：期初现金及现金等价物余额		
六、期末现金及现金等价物余额		

单位负责人： 财务主管： 制表人：

图 6-5　适用于已执行新金融准则、新收入准则和新租赁准则的现金流量表

④ 看所有者权益变动表明，确股东权益结构

如图 6-6 所示的是适用于已经执行新金融准则、新收入准则和新租赁准则的企业所有者权益变动表的样式。

所有者权益变动表

编制单位：　　　　　　　年度

会企04表

金额单位：元

项目	本年金额									上年金额								
	实收资本（或股本）	其他权益工具 优先股 永续债 其他	资本公积	减：库存股	其他综合收益	专项储备	盈余公积	未分配利润	所有者权益合计	实收资本（或股本）	其他权益工具 优先股 永续债 其他	资本公积	减：库存股	其他综合收益	专项储备	盈余公积	未分配利润	所有者权益合计
一、上年末余额																		
加：会计政策变更																		
前期差错更正																		
其他																		
二、本年初余额																		
三、本期增减变动金额（减少以"-"号填列）																		
（一）综合收益总额																		
（二）所有者投入和减少资本																		
1.所有者投入的普通股																		
2.其他权益工具持有者投入资本																		
3.股份支付计入所有者权益的金额																		
4.其他																		
（三）利润分配																		
1.提取盈余公积																		
2.对所有者（或股东）的分配																		
3.其他																		
（四）所有者权益内部结转																		
1.资本公积转增资本（或股本）																		
2.盈余公积转增资本（或股本）																		
3.盈余公积弥补亏损																		
4.设定受益计划变动额结转留存收益																		
5.其他综合收益结转留存收益																		
6.其他																		
四、本年末余额																		

图6-6　适用于已执行新金融准则、新收入准则和新租赁准则的所有者权益变动表

所有者权益变动表是反映企业当期构成所有者权益各组成部分的当期增减变动情况的会计报表。所有者权益变动表既可以为报表使用者提供所有者权益总量增减变动的信息，也能反映所有者权益增减变动的结构性信息，特别是可以让财务报表使用者理解所有者权益增减变动的根源。

从图 6-6 中可以看到，所有者权益变动表以矩阵的形式列示，一方面列示导致所有者权益变动的交易或事项（纵向各项目），即所有者权益变动的来源；另一方面按照所有者权益各组成部分（横向各项目，如实收资本或股本、其他权益工具、优先股、永续债、资本公积、库存股、其他综合收益、盈余公积和未分配利润等）列示交易或事项对所有者权益各部分的影响。

所有者权益变动表涵盖了企业所有者权益的上年金额和本年金额，有利于报表使用者对企业所有者权益进行纵向比较。

企业财会人员在编制所有者权益变动表时，应至少单独列示反映下列信息的项目。

①综合收益总额。

②会计政策变更和差错更正的累积影响金额。

③所有者投入资本和向所有者分配利润等。

④提取的盈余公积。

⑤实收资本、其他权益工具、资本公积、盈余公积、未分配利润的期初和期末余额及其调节情况。

注意，所有者权益变动表中的"本年年末余额"行数据，就是下一年所有者权益变动表中的"上年金额"栏中的数据。

另外，在编制所有者权益变动表时，如果有上年度所有者权益变动表规定的各个项目的名称和内容与本年度不一致的，应对上年度所有者权益变动表各项目的名称和内容按照本年度的规定进行调整，再填入本年度所有者权益变动表的"上年金额"栏内。

二、报表中的财务分析技术

企业以会计核算、报表资料以及其他相关资料为依据，采用一系列专业的分析技术和方法，对自身过去和现在有关筹资活动、投资活动、经营活动和分配活动的偿债能力、盈利能力、营运能力和发展能力等进行分析与评价，即财务分析。由此可见，财务分析工作需要用到财务报表提供的数据信息。

⑤ 公司能不能及时还款，要看偿债能力

偿债能力指企业偿还各种到期债务的能力，它又分为短期偿债能力和长期偿债能力，如图 6-7 所示。

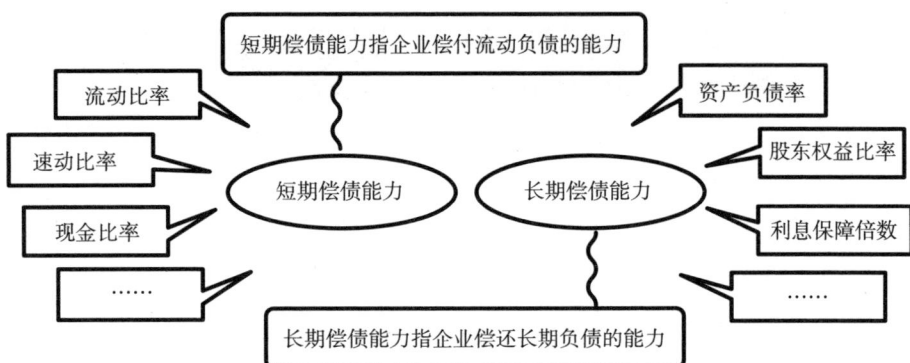

图 6-7　偿债能力的分类

在图 6-7 中列出的短期偿债能力和长期偿债能力的衡量指标，实际财务分析工作用运用到的包括但不限于这些。具体财务指标的含义和涉及的计算公式见表 6-1。

表 6-1　短期偿债能力和长期偿债能力指标

指标名称	含　义	涉及公式
流动比率	是企业流动资产与流动负债的比值。国际公认比率为 2:1	流动比率 = 流动资产 ÷ 流动负债
速动比率	是企业速动资产与流动负债的比值。国际公认比率为 1:1	速动比率 = 速动资产 ÷ 流动负债 =（流动资产 – 存货）÷ 流动负债
现金比率	是企业的现金类资产与流动负债的比值。其中，现金类资产即现金流量表中反映的现金及现金等价物	现金比率 =（现金 + 现金等价物）÷ 流动负债
现金流量比率	是企业经营活动产生的现金流量净额与流动负债的比值	现金流量比率 = 经营活动现金流量净额 ÷ 流动负债
资产负债率	也称负债比率或举债经营比率，是企业负债总额与资产总额的比率。它反映企业的资产总额中有多大比例是通过举债而得到的	资产负债率 = 负债总额 ÷ 资产总额 ×100%

续上表

指标名称	含　义	涉及公式
股东权益比率	是股东权益总额与资产总额的比率，它反映资产总额中有多大比例是所有者投入的	股东权益比率＝股东权益总额÷资产总额×100%
权益乘数	是股东权益比率的倒数，即资产总额与股东权益总额的比值，反映企业资产总额是股东权益总额的多少倍	权益乘数＝资产总额÷股东权益总额
产权比率	也称负债股权比率，是负债总额与股东权益总额的比值	产权比率＝负债总额÷股东权益总额
利息保障倍数	也称利息所得倍数或已获利息倍数，是息税前利润与利息费用的比值。这里的利息费用包括财务费用中的利息费用和计入固定资产成本的资本化利息费用	利息保障倍数＝息税前利润÷利息费用＝（税前利润＋利息费用）÷利息费用

流动比率。流动比率中的流动资产和流动负债一般用资产负债表中的期末流动资产总额与期末流动负债总额表示。比率越高，说明企业偿还流动负债的能力越强，流动负债得到偿还的保障越大；比率越低，说明企业偿还流动负债的能力越弱，流动负债得到偿还的保障越小。但是，过高的流动比率也不一定是好事，因为流动比率过高，说明企业滞留在流动资产上的资金过多，没有得到有效利用，进而可能影响企业的盈利能力。

速动比率。用速动比率来衡量企业的短期偿债能力，比用流动比率更精准，因为它撇开了变现能力较差的存货。速动比率越高，说明企业的短期偿债能力越强。但在运用时，要重点考查应收账款的变现能力，因为应收账款可能成为坏账，此时速动比率就不能真实地反映企业的偿债能力。

现金比率。现金比率可反映企业的直接偿付能力，比率越高，说明企业有较好的支付能力，偿付债务是有保障的；比率越低，说明企业支付能力越弱，债务的偿付越没有保障。但这个比率如果过高，就可能意味着企业拥有过多的盈利能力较低的现金类资产，企业资产未得到有效运用。

现金流量比率。与前三个静态指标相比，现金流量比率是从动态的角度反映企业当期经营活动产生的现金流量净额偿付流动负债的能力。

资产负债率。资产负债率反映企业偿还债务的综合能力，比率越高，说明企业负债过多，偿还债务的能力越差，财务风险越大；比率越低，说明偿还债务的能力越强，财务风险越小。这里要特别注意，与企业经营相关的利益相关人由于目的不同，对于资产负债率的高低要求也会不同。

股东权益比率。从计算公式上看，股东权益比率与资产负债率之和等于1。股东权益比率越高，资产负债率就越小，企业偿还债务的能力就越强，财务风险越小；比率越低，资产负债率就越大，企业偿还债务的能力就越弱，财务风险越大。

权益乘数。权益乘数反映了企业财务杠杆的大小，值越大，说明股东投入的资本在总资产中所占的比重越小，财务杠杆越大；值越小，说明股东投入的资本在总资产中所占比重越大，财务杠杆越小。

产权比率。产权比率实际上是资产负债率的另一种表现形式，它反映了债权人提供的资金与股东提供的资金的对比关系。比率越低，说明债权人提供的资金越有偿还保障，企业财务风险越小，长期财务状况越好；比率越高，说明债权人提供的资金越没有保障，企业财务风险越大，长期财务状况越不佳。

利息保障倍数。利息保障倍数反映企业经营所得用于支付债务利息的能力，比率越低，说明企业越难保证用经营所得来按时偿还债务利息；比率越高，说明企业有足够的经营所得用来偿还债务利息。通常，企业的利息保障倍数至少应大于1，否则就难以偿付债务及利息。

在实际经营过程中，企业的或有负债、担保责任、租赁活动和可用的银行授信额度等，都会对偿债能力产生影响，这里简单了解即可。

实例分析

简单了解企业偿债能力强弱的衡量

【例1】

已知某公司在 2×22 年一季度末，流动资产合计 700.00 万元，流动负债合计 450.00 万元，存货余额 300.00 万元。下面从流动比率和速动比率考量该公司的短期偿债能力。

流动比率 $= 700.00 \div 450.00 \approx 1.56$

速动比率 $= (700.00 - 300.00) \div 450.00 \approx 0.89$

从流动比率来看，1.56 小于国际公认的 2:1,；从速动比率来看，0.89 小于国际公认的 1:1。两者均未达到国际公认水平，说明该公司的短期偿债能力还有待提高。

【例2】

某公司 2×22 年第一季度末，资产总额为 2 600.00 万元，负债总额为 1 230.00 万元，下面利用财务指标衡量公司的长期偿债能力。

资产负债率 =1 230.00÷2 600.00×100% ≈ 47.31%

股东权益比率 =（2 600.00-1 230.00）÷2 600.00×100% ≈ 52.69%

权益乘数 =2 600.00÷（2 600.00-1 230.00）≈ 1.90

产权比率 =1 230.00÷（2 600-1 230.00）≈ 0.90

从资产负债率 47.31% 和股东权益比率 52.69% 来看，该公司负债总额还没有达到资产总额的一半，企业债务的偿还比较有保障，偿债能力较强。从权益乘数 1.90 来看，该公司的资产总额约为股东权益的两倍，财务杠杆稍显偏小。而产权比率 0.90 说明公司的负债总额没有股东权益多，但也接近了。总的来说，该公司有一定的偿债能力，但还有提升空间，财务杠杆效应也可以适当地提高。

06 公司资产利用率高低，看营运能力

营运能力指企业的经营运行能力，也是企业运用各项资产赚取利润的能力。它在一定程度上可以反映企业资金周转状况，使报表使用者了解企业营业状况和经营管理水平。评价企业营运能力常用的财务指标如图 6-8 所示。

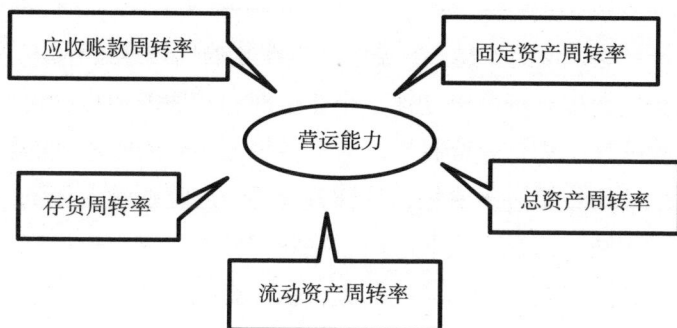

图 6-8 常用的营运能力指标

这些指标的含义与计算公式见表 6-2。

表 6-2 营运能力指标

指标名称	含义	涉及公式
应收账款周转率	是企业一定时期内赊销收入净额与应收账款平均余额的比率。它是评价应收账款流动性的重要指标，可反映应收账款在一个会计年度内的周转次数，分析应收账款的变现速度和管理效率	应收账款周转率＝赊销收入净额÷应收账款平均余额 应收账款平均余额＝（应收账款期初余额＋应收账款期末余额）÷2 赊销收入净额＝销售收入净额－现销收入 销售收入净额＝销售收入－销售退回－销售折扣及折让
存货周转率	是企业一定时期内的销售成本与存货平均余额的比率。它反映了一定时期内企业存货的周转次数和变现速度，也能衡量企业的销售能力和存货是否过量，判断销售效率和存货使用效率	存货周转率＝销售成本÷存货平均余额 存货平均余额＝（存货期初余额＋存货期末余额）÷2
流动资产周转率	是企业一定时期内销售收入与流动资产平均余额的比率。它反映了企业全部流动资产在一个会计年度内的周转次数和周转速度，也反映了全部流动资产的利用效率	流动资产周转率＝销售收入÷流动资产平均余额 流动资产平均余额＝（流动资产期初余额＋流动资产期末余额）÷2
固定资产周转率	是企业一定时期内销售收入与固定资产平均余额的比率。它主要用于分析企业对厂房、设备等固定资产的利用效率	固定资产周转率＝销售收入÷固定资产平均净值 固定资产平均净值＝（固定资产期初净值＋固定资产期末净值）÷2
总资产周转率	是企业一定时期内销售收入与资产平均总额的比率。它主要用于分析企业全部资产的使用效率	总资产周转率＝销售收入÷资产平均总额 资产平均总额＝（期初资产总额＋期末资产总额）÷2

应收账款周转率。该比率越高，说明应收账款的周转速度越快、流动性越强，可以减少坏账损失，提高资产流动性，企业短期的偿债能力也会得到增强；比率越低，说明应收账款的周转速度越慢、流动性越弱，对应收账款的回收效率低，或者表明企业的信用政策过于宽松，这样就会导致应收账款占用资金数量过多，影响资金的正常周转。但是，企业的应收账款周转率过高，也可能说明信用政策过于严格，这样会限制企业销售量的扩大，从而影响企业的盈利水平，往往伴随着存货周转率偏低。

存货周转率。在计算存货周转率时，销售成本通常直接引用利润表中的"营业成本"项目的数据。正常经营情况下，存货周转率越高，说明存货周转速度越快，企业销售能力越强，营运资本占用在存货上的金额越少；周转率越低，说明存货周转速度越慢，库存管理水平与销售状况不理想，造成存货积压。注意，如果企业生产经营活动具有很强的季节性，那么年度内各季度的销售成本与存货都会有较大幅度的波动，为了提高存货周转率的实用性，存货平均余额就应按月份或季度余额确定。

流动资产周转率。该指标越高，说明企业对流动资产的利用效率越高，流动资产周转速度越快；指标越低，说明企业对流动资产的利用效率越低，流动资产周转速度越慢。

固定资产周转率。比率越高，说明固定资产周转速度越快，企业对固定资产的利用效率越高，管理水平越好；比率越低，说明固定资产周转速度越慢，利用效率越低。如果与同行业平均水平比较偏低，说明企业的生产效率较低，可能会影响盈利能力。

总资产周转率。比率越高，说明企业对全部资产的利用效率越高，管理水平越好；比率越低，说明企业对全部资产的利用效率越低，管理水平越差，很可能影响企业的盈利能力。

实例分析

从存货周转率分析公司的营运能力

某公司在 2×22 年年初，存货余额为 310.00 万元，第一季度末存货余额为 420.00 万元。从利润表中得知第一季度的营业成本共 2 080.00 万元。下面通过存货周转率初步分析该公司的营运能力。

存货平均余额 =（310.00+420.00）÷2=365.00（万元）

存货周转率 =2 080.00÷360.00 ≈ 5.80（次）

存货周转天数 =360÷ 存货周转率 =360÷5.80=62.07（天）

从计算结果来看，该公司存货一年可以周转 5.80 次，平均两个月可周转一次。说明该公司的存货周转速度并不慢，但也不快，侧面说明该公司有一定的营运能力，但还需要提高对存货的管理，从而提高存货周转速度。如果与同行业存货周转率的平均水平相比较，就说明公司的存货利用效率较高，可继续保持销售策略和存货管理办法。

⑦ 公司经营获利水平高低，看盈利能力

盈利能力指企业获取利润的能力，或者是企业资金或资本的增值能力。它不仅关系到企业所有者的投资报酬，还反映了企业偿还债务的可靠程度，所以企业的债权人、所有者和管理者都十分关心企业的盈利能力。

在分析企业的盈利能力时，一般只分析企业正常经营活动的盈利能力，不涉及非正常的经营活动。评价企业盈利能力的主要财务指标如图 6-9 所示。

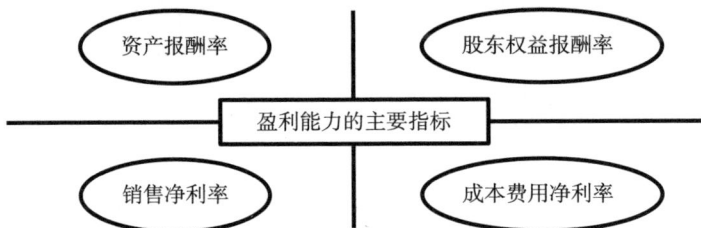

图 6-9　盈利能力的主要指标

评价企业盈利能力的一些指标及其含义和需要用到的计算公式，见表 6-3。

表 6-3　盈利能力指标

指标名称	含　义	涉及公式
资产报酬率	也称资产收益率，是企业在一定时期内的利润额与资产平均总额的比率。它主要用来衡量企业利用资产获取利润的能力。根据财务分析目的不同，资产报酬率也分为资产息税前利润率、资产利润率和资产净利率	资产息税前利润率＝息税前利润 ÷ 资产平均总额 ×100% 资产利润率＝利润总额 ÷ 资产平均总额 ×100% 资产净利率＝净利润 ÷ 资产平均总额 ×100%
股东权益报酬率	也称净资产收益率或所有者权益报酬率，是企业一定时期内的净利润与股东权益平均总额的比率。它反映了企业股东获取投资报酬的高低	股东权益报酬率＝净利润 ÷ 股东权益平均总额 ×100% 股东权益平均总额 =（股东权益期初总额 + 股东权益期末总额）÷2
销售毛利率 / 销售净利率	销售毛利率也称毛利率，是企业的销售毛利与营业收入净额的比率。销售净利率是企业净利润与营业收入净额的比率。两个销售利润率都可以用来评价企业通过销售赚取利润的能力	销售毛利率＝销售毛利 ÷ 营业收入净额 ×100%=（营业收入净额 – 营业成本）÷ 营业收入净额 ×100% 销售净利率＝净利润 ÷ 营业收入净额 ×100%
成本费用净利率	是企业净利润与成本费用总额的比率。它反映企业生产经营过程中发生的耗费与获得的报酬之间的关系。比率越高，说明企业为获取报酬付出的代价越小，盈利能力越强	成本费用净利率＝净利润 ÷ 成本费用总额 ×100%

上述这些盈利能力指标，都是越高说明企业盈利能力越强，越低说明盈利能力越弱。其中，成本费用净利率不仅能评价企业的盈利能力高低，也能评价企业对成本费用的控制能力。注意，如果是上市企业，除了用这些指标来评价企业的盈利能力，还可能用到每股利润、每股现金流量、每股股利、股利支付率、每股净资产、市盈率和市净率等指标，这里不做详述。

实例分析

通过资产报酬率分析公司的盈利能力

某公司 2×22 年第一季度的利润表显示，利润总额为 970.00 万元，财务费用全部为利息支出，共 108.00 万元；净利润为 720.00 万元。资产负债表显示，期初资产总额为 2 000.00 万元，期末资产总额为 3 300.00 万元。下面从资产报酬率的角度分析该公司的盈利能力。

资产平均总额 =（2 000.00+3 300.00）÷2=2 650.00（万元）

资产息税前利润率 =（970.00+108.00）÷2 650.00×100% ≈ 40.68%

资产利润率 =970.00÷2 650.00×100% ≈ 36.60%

资产净利率 =720.00÷2 650.00×100% ≈ 27.17%

从计算结果可知，该公司 100.00 元的总资产，可以获得 40.68 元的息税前利润，36.60 元的税前利润，27.17 元的净利润。初步看来，公司的盈利能力较强。此时与同行业相关指标的平均水平相比，若高于平均水平，就进一步说明公司盈利能力较强；若低于平均水平，则说明公司盈利能力尚需提高。

---

⑧ 企业未来发展前景好坏，看发展能力

发展能力指企业在从事经营活动过程中表现出的增长能力，也可以说成是企业扩大规模、壮大实力的能力。换句话说，企业的发展能力主要从规模的扩大、盈利的持续增长以及市场竞争力的增强等方面来考量。

用来衡量企业发展能力的财务指标主要有销售增长率、利润增长率、资产增长率和股权资本增长率，指标含义和涉及的计算公式见表 6-4。

表 6-4　发展能力指标

指标名称	含　义	涉及公式
销售增长率	是企业本年营业收入增长额与上年营业收入总额的比率。它反映企业营业收入的变化情况，是评价企业成长性和市场竞争力的重要指标	销售增长率＝本年营业收入增长额 × 上年营业收入总额 ×100%
利润增长率	是企业本年利润总额增长额与上年利润总额的比率。它反映企业盈利能力的变化以及成长性。也可以根据分析目的计算净利润增长率，即企业本年净利润增长额与上年净利润的比率	利润增长率＝本年利润总额增长额 ÷ 上年利润总额 ×100% 净利润增长率＝本年净利润增长额 ÷ 上年净利润 ×100%
资产增长率	是企业本年总资产增长额与年初资产总额的比率。它反映企业本年度资产规模的增长情况	资产增长率＝本年总资产增长额 ÷ 年初资产总额 ×100%
股权资本增长率	也称净资产增长率或资本积累率，是企业本年股东权益增长额与年初股东权益总额的比率。它反映企业当年股东权益的变化情况，体现企业资本的积累能力	股权资本增长率＝本年股东权益增长额 ÷ 年初股东权益总额 ×100%

销售增长率。比率大于 0，说明企业本年营业收入增加；比率小于 0，说明企业本年营业收入在减少；比率越高，说明营业收入的成长性越好。

利润增长率。比率越高，说明企业的成长性越好，发展能力越强；比率越低，说明企业成长性越弱，发展能力也越弱。

资产增长率。比率越高，说明企业资产规模的扩张速度越快，竞争力越强；比率越低，说明企业资产规模扩张速度越慢，竞争力受限。注意，在发现企业资产规模增长的同时，要分析资产的质量变化，只有质量配合提高，才能确定企业发展能力强，竞争力强。

股权资本增长率。比率越高，说明企业资本积累能力越强，发展能力也越好；比率越低，说明企业资本积累能力越弱，发展也越差。

上述这些指标的值如果小于 0，就说明企业的发展能力在减弱，规模扩张速度或竞争力在退步。

实例分析

从利润增长率看公司的发展能力

　　某公司 2×21 年的年度利润表显示，本年利润总额为 1 800.00 万元，上年利润总额为 1 550.00 万元；本年净利润为 554.00 万元，上年净利润为 486.00 万元。下面从利润增长率和净利润增长率看该公司的发展能力。

　　利润增长率 =（1 800.00−1 550.00）÷ 1 550.00 × 100% ≈ 16.13%

　　净利润增长率 =（554.00−486.00）÷ 486.00 × 100% ≈ 13.99%

　　从利润增长率和净利润增长率来看，都大于 0，说明该公司 2×21 年的利润总额和净利润相比上年都有增加，但增加幅度并不大。而且，净利润的增长速度明显比利润总额的增长速度慢，说明该公司所得税费用对利润的影响在增大。如果与同行业利润增长率的平均水平相比更高，说明该公司有较强的发展能力；如果更低，说明公司的发展能力较弱。

　　本章前述提及的衡量企业各种能力的财务指标，财报使用者在进行财务分析时不能单独依靠某一个指标进行，而应该结合多种指标综合考量。

⑨ 财务分析中的综合技术——杜邦分析法

　　杜邦分析法是利用几种主要的财务比率之间的关系来综合分析企业债务状况的一种财务分析方法，可以用于评价公司的盈利能力和股东权益回报水平。基本思路是将企业净资产收益率逐级分解为多项财务比率相乘，帮助报表使用者深入分析比较企业的经营业绩。杜邦分析法用如图 6-10 所示。

　　进行财务分析的财会人员，可根据该分析法中涉及的财务指标，直接在财务报表中提取相应的数据，进而计算出各指标的值。如果要分析企业当年哪一方面经营情况的改变，对其净资产收益率影响较大，就需要与上一年相关指标的值进行对比，从而发现指标值的变化，这样才能更准确地找到企业当年哪个经营情况的改变影响了企业的净资产收益率，或者哪个经营情况对企业净资产收益率的影响更大等。

```
                          ┌──────────────┐
                          │  净资产收益率  │
                          └──────────────┘
                    ┌────────────┴────────────┐
                    ▼                          ▼
            ┌──────────────┐            ┌──────────┐
            │  总资产净利率  │    ×       │  权益乘数  │
            └──────────────┘            └──────────┘
              ┌────────┴─────────────────────────┐
              ▼                                   ▼
        ┌──────────┐                        ┌──────────────┐
        │ 销售净利率 │         ×              │  总资产周转率  │
        └──────────┘                        └──────────────┘
          ┌────┴──────┐                    ┌──────┴──────┐
          ▼           ▼                    ▼             ▼
      ┌────────┐  ┌────────┐          ┌────────┐    ┌────────┐
      │ 净利润  │÷ │ 销售收入 │         │ 销售收入 │÷  │ 资产总额 │
      └────────┘  └────────┘          └────────┘    └────────┘
    ┌──────┬─────┴──┬──────┐              ┌──────────┴──────┐
    ▼      ▼        ▼      ▼              ▼                 ▼
┌──────┐┌──────┐┌──────┐┌──────┐    ┌──────────┐    ┌──────────┐
│销售收入││全部成本││其他利润││所得税 │    │ 非流动资产 │ +  │ 流动资产  │
└──────┘└──────┘└──────┘└──────┘    └──────────┘    └──────────┘
  ┌───┬──┴─┬────┬────┐              ┌────┬──┴──┬────┐
  ▼   ▼    ▼    ▼                   ▼    ▼     ▼    ▼
┌────┐┌────┐┌────┐┌────┐        ┌────┐┌────┐┌──┐┌──────┐
│制造 ││销售 ││管理 ││财务 │        │现 ││应收 ││存││其他流 │
│成本 ││费用 ││费用 ││费用 │        │金 ││账款 ││货││动资产 │
└────┘└────┘└────┘└────┘        └────┘└────┘└──┘└──────┘
```

- 全部成本 = 制造成本 + 销售费用 + 管理费用 + 财务费用
- 资产总额 = 现金 + 应收账款 + 存货 + 其他流动资产

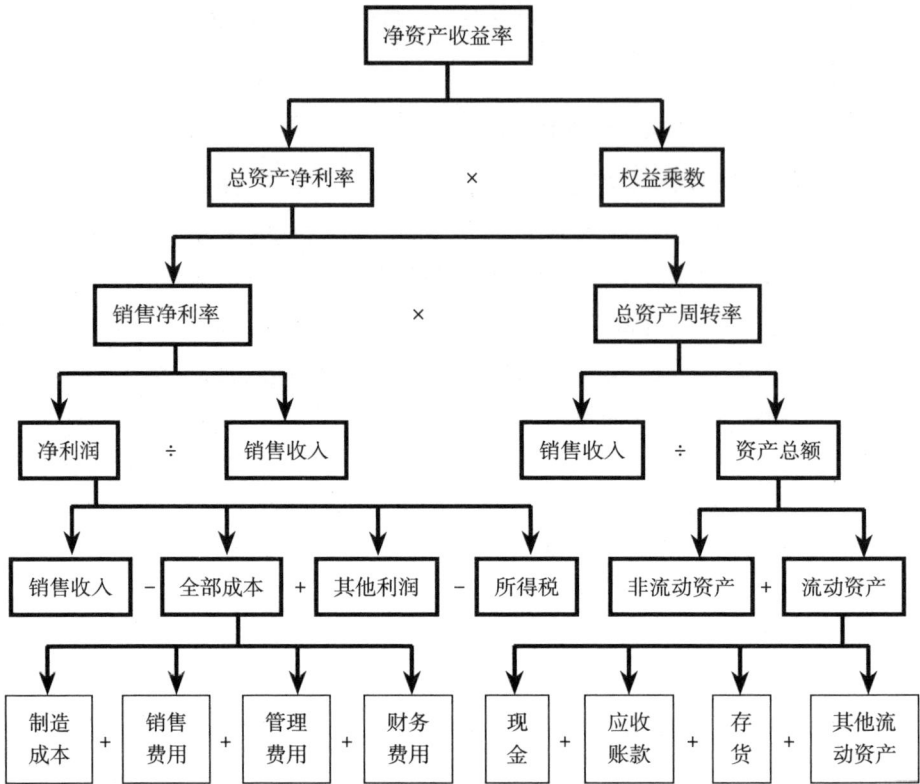

图 6-10　杜邦分析法示意图

第七章　财税不分离

很多人认为，财会就是财务会计工作，与税务工作是两条界限明显的分支。但实际不然，财税通常"不分家"，财、税没有明显的界限，财务工作中必然涉及税费核算，税务工作必然要与会计核算相关联，二者相辅相成，这是作为一名合格的财会人员需要明确的。

- 附加税费与流转税费的"连体"性
- 员工应交的个人所得税由企业代扣代缴
- 其他税种的那些事儿

一、附加税费与流转税费的"连体"性

附加税费具体是指增值税和消费税的附加税费，包括城市维护建设税、教育费附加和地方教育附加。由于这种"附加"性，使得这些税、费在计算时要根据实际缴纳的增值税、消费税税额处理，这就体现了附加税费与增值税和消费税等流转税费之间的"连体"性。

⑴ 企业经营担负建设与维护责任，缴城建税

城建税是城市维护建设税的简称，是以纳税人实际缴纳的增值税、消费税为计税依据而征收的一种税。该税种的征收，目的是筹集城镇设施建设和维护资金。

因此，在中华人民共和国境内缴纳增值税、消费税的单位和个人，都是城市维护建设税的纳税人，包括各类企业（含外商投资企业和外国企业）、行政单位、事业单位、军事单位、社会团体及其他单位，以及个体工商户和其他个人（含外籍个人）。

城市维护建设税实行差别比例税率，按照纳税人所在地区不同，设置三档税率。

①纳税人所在地在市区的，税率为7%。

②纳税人所在地在县城、镇的，税率为5%。

③纳税人所在地不在市区、县城或镇的，税率为1%。

城市维护建设税的应纳税额按照纳税人实际缴纳的增值税、消费税税额和出口货物、劳务或跨境销售服务、无形资产增值税免抵税额乘以税率计算，公式如下：

应纳税额 = 实际缴纳的增值税、消费税税额和出口货物、劳务或跨境销售服务、无形资产增值税免抵税额 × 适用税率

城市维护建设税的纳税义务发生时间为实际缴纳增值税、消费税的当日，纳税地点为实际缴纳增值税、消费税的地点。

如果是扣缴义务人，应向其机构所在地或居住地的主管税务机关申报缴纳其

扣缴的税款。

城市维护建设税按月或按季计征，不能按固定期限计征的，可以按次计征。实行按月或按季计征的，纳税人应在月度或季度终了之日起 15 日内申报缴纳税款。实行按次计征的，纳税人应在纳税义务发生之日起 15 日内申报缴纳税款。

实例分析

核算应缴纳的城市维护建设税并做账

某公司位于某市西城区，2×22 年 4 月的实际缴纳增值税和消费税分别为 52 000.00 元和 38 000.00 元。已知适用的城市维护建设税税率为 7%，计算该公司 4 月应缴纳的城市维护建设税税额，并进行账务处理。

应纳税额 =（52 000.00+38 000.00）×7%=6 300.00（元）

①计提当月需要缴纳的城市维护建设税。

借：税金及附加 6 300.00

　　贷：应交税费——应交城市维护建设税 6 300.00

②实际缴纳税款时。

借：应交税费——应交城市维护建设税 6 300.00

　　贷：银行存款 6 300.00

这里说明一下，企业缴纳的所有税款，原则上都要通过银行存款支付。

⑫ 助力地方教育事业，缴教育费附加和地方教育附加

教育费附加是由税务机关负责征收，同级教育部门统筹安排，同级财政部门监督管理，专门用于发展地方教育事业的预算外资金。根据有关规定，凡缴纳增值税、消费税的单位和个人，除缴纳农村教育事业费附加的单位外，都应按照相关规定缴纳教育费附加。

地方教育附加指根据国家有关规定，为实施"科教兴省"战略，促进各省、自治区和直辖市教育业发展，开征的一项地方政府性基金。根据有关规定，凡是

缴纳增值税、消费税的单位和个人，都应按规定缴纳地方教育附加。

由此可见，教育费附加和地方教育附加都要以纳税人实际缴纳的增值税、消费税税额之和为计税依据。教育费附加的适用费率为3%，地方教育附加适用的费率为2%。两种费的应纳费额计算公式如下：

应纳教育费附加 = 实际缴纳增值税、消费税税额之和 ×3%

应纳地方教育附加 = 实际缴纳增值税、消费税税额之和 ×2%

教育费附加和地方教育附加应与增值税、消费税同时缴纳，且缴费地点为实际缴纳增值税、消费税的地点。

需要注意的是，对海关进口产品征收增值税、消费税时，不征收教育费附加和地方教育附加；对由于减免增值税、消费税而发生退税的，可同时退还已征收的教育费附加和地方教育附加，但对出口产品退还增值税、消费税的，不退还已征收的教育费附加和地方教育附加。

实例分析

核算处理教育费附加和地方教育附加

某化妆品生产公司在2×22年4月实际缴纳增值税16.00万元，实际缴纳消费税12.50万元。已知该公司适用的教育费附加和地方教育附加费率分别为3%、2%，计算当月应纳教育费附加和地方教育附加。

应纳教育费附加 =（160 000.00+125 000.00）×3%=8 550.00（元）

应纳地方教育附加 =（160 000.00+125 000.00）×2%=5 700.00（元）

①当月确认应缴纳的教育费附加和地方教育附加。

借：税金及附加　　　　　　　　　　　　　　　14 250.00

　　贷：应交税费——应纳教育费附加　　　　　　　8 550.00

　　　　　　　　——应纳地方教育附加　　　　　　5 700.00

②实际缴纳教育费附加和地方教育附加。

借：应交税费——应纳教育费附加　　　　　　　　8 550.00

　　　　　　——应纳地方教育附加　　　　　　　5 700.00

　　贷：银行存款　　　　　　　　　　　　　　14 250.00

二、员工应交的个人所得税由企业代扣代缴

员工在为企业提供服务时，会从企业手里获取劳动报酬，而达到纳税条件的员工，需要根据个人所得税的相关规定缴纳个人所得税。由于员工个人缴纳比较麻烦，因此常常由企业统一为员工代扣代缴个人所得税。

03 个人所得税的征税范围要牢记

个人所得税是对个人（即自然人）取得的各项应税所得征收的一种所得税。该税种的纳税义务人主要分为两种：居民纳税人和非居民纳税人。如图 7-1 所示。

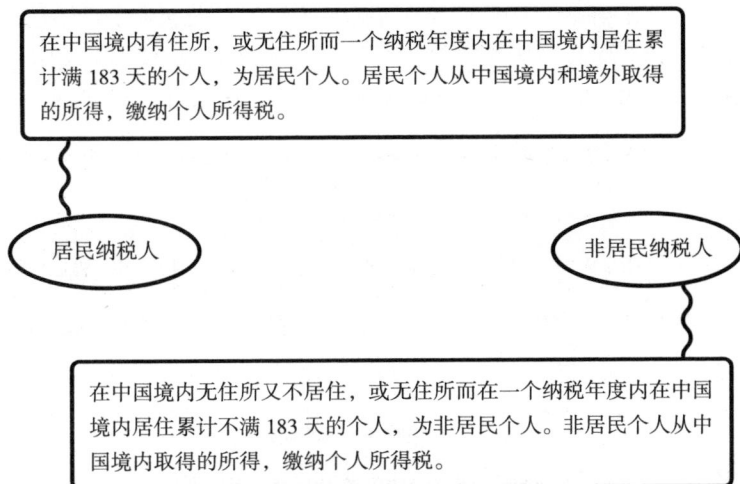

在中国境内有住所，或无住所而一个纳税年度内在中国境内居住累计满 183 天的个人，为居民个人。居民个人从中国境内和境外取得的所得，缴纳个人所得税。

居民纳税人

非居民纳税人

在中国境内无住所又不居住，或无住所而在一个纳税年度内在中国境内居住累计不满 183 天的个人，为非居民个人。非居民个人从中国境内取得的所得，缴纳个人所得税。

图 7-1　居民纳税人与非居民纳税人

注意，个人独资企业和合伙企业不缴纳企业所得税，只对投资者个人或个人合伙人取得的生产经营所得征收个人所得税。

那么，个人所得税的应税项目具体有哪些呢？见表 7-1。

表 7-1　个人所得税的应税项目

应税项目	简　述
工资、薪金所得	指个人因任职或受雇而取得的工资、薪金、奖金、年终加薪、劳动分红、津贴、补贴以及与任职或受雇有关的其他所得。下列项目不属于工资、薪金性质的补贴、津贴： ①独生子女补贴；②执行公务员工资制度未纳入基本工资总额的补贴、津贴差额和家属成员的副食补贴；③托儿补助费；④差旅费津贴、午餐补助

续上表

应税项目	简　述
劳务报酬所得	指个人独立从事非雇佣的各种劳务而取得的所得。这些劳务包括设计、安装、装潢、制图、化验、测试、医疗、法律、会计、咨询、讲学、新闻、广播、翻译、审稿、书画、雕刻、影视、录音、录像、演出、表演、广告、展览、技术服务、介绍服务、经纪服务和代办服务等
稿酬所得	指个人因其作品以图书、报刊形式出版、发表而取得的所得。作品包括文学作品、书画作品、摄影作品和其他作品。注意，作者去世后，财产继承人取得的遗作稿费也应征收个人所得税
特许权使用费所得	指个人提供专利权、商标权、非专利技术、著作权及其他特许权的使用权而取得的所得。注意，提供著作权的使用权取得的所得，不包括稿酬所得；而对于作者将自己的文字作品手稿原件或复印件公开拍卖（竞价）取得的所得，属于提供著作权的使用权所得。另外，个人取得特许权的经济赔偿收入，应按"特许权使用费所得"项目缴纳个人所得税
经营所得	①个人通过在中国境内注册登记的个体工商户、个人独资企业、合伙企业从事生产经营活动取得的所得 ②个人依法取得执照，从事办学、医疗、咨询及其他有偿服务活动取得的所得 ③个人承包、承租、转包、转租取得的所得 ④个人从事其他生产经营活动取得的所得
利息、股息、红利所得	指个人拥有债权、股权而取得的利息、股息、红利所得。利息一般指存款、贷款和债券的利息。股息、红利指个人拥有股权而取得的公司或企业分红。按照一定的比率派发的每股息金，称为股息；根据公司、企业应分配的超过股息部分的利润，按股派发的红股，称为红利
财产租赁所得	指个人出租不动产、土地使用权、机器设备、车船以及其他财产而取得的所得。注意，个人取得的房屋转租收入也属于财产租赁所得
财产转让所得	指个人转让有价证券、股权、合伙企业中的财产份额、不动产、土地使用权、机器设备、车船以及其他财产而取得的所得
偶然所得	指个人得奖、中奖、中彩以及其他偶然性质的所得。得奖主要指参加各种有奖竞赛活动而取得名次得到的奖金；中奖、中彩指参加各种有奖活动，如有奖储蓄或购买彩票，经过规定程序抽中、摇中号码而取得的奖金

注意，不同的所得项目，其应纳税所得额的确定存在差异，计算时使用的税率也会不同。

④ 不同种类的个人所得税税率档次要分清

在上一小节提及的个人所得税的各应税项目中，工资、薪金所得，劳务报酬所得，稿酬所得和特许经营权使用费所得，合称为综合所得，适用 3% ~ 45% 的超额累进税率，具体档次见表 7-2。

表 7-2 综合所得适用的个人所得税税率表

级数	全年应纳税所得额	税率（%）	速算扣除数（元）
1	不超过 36 000.00 元的	3	0.00
2	超过 36 000.00 元但不超过 144 000.00 元的	10	2 520.00
3	超过 144 000.00 元但不超过 300 000.00 元的	20	16 920.00
4	超过 300 000.00 元但不超过 420 000.00 元的	25	31 920.00
5	超过 420 000.00 元但不超过 660 000.00 元的	30	52 920.00
6	超过 660 000.00 元但不超过 960 000.00 元的	35	85 920.00
7	超过 960 000.00 元的	45	181 920.00

非居民个人取得工资、薪金所得，没有综合所得之说，因此需要按月换算成工资薪金所得，适用的个人所得税税率见表 7-3。

表 7-3 工资薪金所得适用的个人所得税税率表

级数	全月应纳税所得额	税率（%）	速算扣除数（元）
1	不超过 3 000.00 元的	3	0.00
2	超过 3 000.00 元但不超过 12 000.00 元的	10	210.00
3	超过 12 000.00 元但不超过 25 000.00 元的	20	1 410.00
4	超过 25 000.00 元但不超过 35 000.00 元的	25	2 660.00
5	超过 35 000.00 元但不超过 55 000.00 元的	30	4 410.00
6	超过 55 000.00 元但不超过 80 000.00 元的	35	7 160.00
7	超过 80 000.00 元的	45	15 160.00

居民个人的综合所得，其应纳税所得额的计算公式如下：

居民个人综合所得应纳税所得额 = 每一纳税年度的收入额 –6.00（万元）– 专项扣除 – 专项附加扣除 – 依法确定的其他扣除后的余额

非居民个人工资薪金所得应纳税所得额 = 每月收入 –5 000.00（元）

应纳税额 = 应纳税所得额 × 适用税率 – 速算扣除数

在上述公式中，"每一纳税年度的收入额"的确定要分情况进行。

①工资、薪金所得据实扣除，即按照实际发生额确认收入额。

②劳务报酬所得和特许经营权使用费所得，每次收入不超过 4 000.00 元时，从实际收入中减去 800.00 元费用后的余额，确定收入额；每次收入超过 4 000.00 元时，从实际收入中扣除 20% 的费用后的余额，确定收入额。

③稿酬所得每次收入不超过 4 000.00 元时，从实际收入中减去 800.00 元费用后的余额，再减按 70% 计算确定收入额。每次收入超过 4 000.00 元时，从实际收入中扣除 20% 的费用后的余额，再减按 70% 计算确定收入额。

实例分析

计算某个人综合所得应缴纳的个人所得税

李某为居民个人，2×21 年全年取得公司发放的工资、薪金 144 000.00 元，另外向某公司提供培训服务获得一次性收入 8 000.00 元，在某出版社出版一本专著获得一次性稿酬收入 4 000.00 元，还因提供著作权的使用权获得一次性使用费收入 6 000.00 元。假设当年李某有专项扣除共 3 755.76 元，专项附加扣除共 48 000.00 元，不存在其他依法确定的扣除项目，计算李某 2×21 年需要缴纳的个人所得税税额。

工资、薪金所得的收入额 =144 000.00（元）

提供培训的劳务报酬所得的收入额 =8 000.00×（1-20%）=6 400.00（元）

稿酬所得的收入额 =（4 000.00-800.00）×70%=2 240.00（元）

特许权使用费所得的收入额 =6 000.00×（1-20%）=4 800.00（元）

综合所得的应纳税所得额 =（144 000.00+6 400.00+2 240.00+4 800.00）-60 000.00-3 755.76-48 000.00=45 684.24（元）

对照综合所得适用的个人所得税税率表可知，李某 2×21 年个人所得税适用税率为第 2 档的 10%。

个人所得税应纳税额 =45 684.24×10%-2 520.00 ≈ 2 048.42（元）

公司在为员工代扣代缴个人所得税时，通常按月进行。员工每月按照实际发生的工资、薪金所得，劳务报酬所得，稿酬所得和特许权使用费所得，向公司提交信息、资料，由公司核算并代扣代缴。

①公司按月代扣个人所得税。

借：应付职工薪酬——工资、奖金、津贴和补贴

　　贷：应交税费——应交个人所得税

②实际代缴个人所得税。

借：应交税费——应交个人所得税

贷：银行存款

如果个人取得经营所得，其适用的是 5% ~ 35% 的超额累计税率，具体档次见表 7-4。

表 7-4　经营所得适用的个人所得税税率表

级数	全年应纳税所得额	税率（%）	速算扣除数（元）
1	不超过 30 000.00 元的	5	0.00
2	超过 30 000.00 元但不超过 90 000.00 元的	10	1 500.00
3	超过 90 000.00 元但不超过 300 000.00 元的	20	10 500.00
4	超过 300 000.00 元但不超过 500 000.00 元的	30	40 500.00
5	超过 500 000.00 元的	35	65 500.00

个人取得经营所得的应纳税所得额及应纳税额的计算公式如下：

经营所得应纳税所得额 = 每一纳税年度的收入总额 - 成本 - 费用 - 损失

应纳税额 = 应纳税所得额 × 适用税率 - 速算扣除数

实例分析

个体工商户取得经营所得核算应缴纳个人所得税

张某经营一家医疗服务机构，为个体工商户，2×21 年全年的经营情况数据如下：营业收入 160.00 万元，营业成本 85.00 万元，税金及附加 5.52 万元，销售费用 8.00 万元，管理费用 16.00 万元，财务费用 5 000.00 元，其他支出 4 000.00 元，无综合所得收入。已知这些费用中没有纳税调整事项，计算张某经营的个体工商户在 2×21 年需要缴纳的个人所得税税额。

经营所得的应纳税所得额 =160.00-85.00-5.52-8.00-16.00-0.50-0.40

=44.58（万元）

对照经营所得适用的个人所得税税率表可知，该个体工商户 2×21 年个人所得税的适用税率为第 5 档的 35%。

个人所得税应纳税额 =445 800.00×35%−65 500.00=90 530.00（元）

①计提应缴纳的个人所得税。

借：所得税费用   90 530.00

     贷：应交税费——应交个人所得税   90 530.00

②实际缴纳个人所得税税款。

借：应交税费——应交个人所得税   90 530.00

     贷：银行存款   90 530.00

如果个人取得利息、股息、红利所得，适用税率为 20%，按照每次的实际收入额计缴个人所得税。

应纳税额 = 应纳税所得额 × 适用税率 = 每次收入额 ×20%

如果个人取得财产租赁所得，适用税率为 20%，分两种情况进行应纳税额核算。

①每次（月）收入不足 4 000.00 元的。

应纳税额 =[每次（月）收入额 – 财产租赁过程中缴纳的税费 – 由纳税人负担的租赁财产实际开支的修缮费用（800.00 元为限）–800.00]×20%

②每次（月）收入达到 4 000.00 元或超过 4 000.00 元的。

应纳税额 =[每次（月）收入额 – 财产租赁过程中缴纳的税费 – 由纳税人负担的租赁财产实际开支的修缮费用（800.00 元为限）]×（1–20%）×20%

注意，上述计算公式中的"财产租赁过程中缴纳的税费"不包括当次出租缴纳的增值税。另外，对于个人出租住房取得的所得，暂减按 10% 的税率征收个人所得税。

如果个人取得财产转让所得，适用税率为 20%，按照以下计算公式确定应纳税额。

应纳税额 = 应纳税所得额 × 适用税率 =（收入总额 – 财产原值 – 合理费用）×20%

如果个人取得偶然所得，适用税率为 20%，应纳税额计算如下：

应纳税额 = 应纳税所得额 × 适用税率 = 每次收入额 ×20%

下面就来看一些具体的例子。

实例分析

其他所得项目的个人所得税计缴核算

【例1】

钱某与其他几位投资者一起投资组建了一家有限责任公司。2×21 年钱某从公司获得 20.00 万元的红利，针对这笔收入，钱某需要缴纳多少个人所得税？

个人所得税应纳税额 =200 000.00 ×20%=40 000.00（元）

【例2】

某个人房东在 2×22 年 4 月对外出租房屋，合同约定每月租金 1 200.00 元，承租人每个季度支付一次租金。已知在租赁过程中，发生了 300.00 元的修缮费，假设租赁过程中缴纳一个季度房产税 2 100.00 元，那么该房东每季度受到租金收入时需要缴纳多少个人所得税？

一个季度租金收入 =1 200.00 ×3=3 600.00（元）< 4 000.00 元

个人所得税应纳税额 =（3 600.00−2 100.00−300.00−800.00）×20%
                    =80.00（元）

【例3】

某个人业主为了换新房，将旧房进行出售，不含税售价 110.00 万元，已知该旧房原值为 98.00 万元，在出售过程中发生合理费用共 2.50 万元。计算该业主出售房屋需要缴纳的个人所得税税额。

个人所得税应纳税额 =（110.00−98.00−2.50）×20%=1.90（万元）

【例4】

某个人购买福利彩票中奖，金额为 3 000.00 元，计算应缴纳的个人所得税税额。

个人所得税应纳税额 =3 000.00 ×20%=600.00（元）

三、其他税种的那些事儿

除了增值税、消费税、企业所得税、城建税、教育附加、地方教育附加和个人所得税外，公司经营过程中还可能涉及其他税种的税费计算与缴纳。要想更准确地处理公司的税务工作，财会人员很有必要学习其他税种的相关知识。

⑤ 关税贯穿于外贸企业的经营活动

关税是对进出国境或关境的货物、物品征收的一种税，它一般分为进口关税、出口关税和过境关税。目前我国对进出境货物征收的关税只有进口关税和出口关税两类。关税的纳税人主要包括以下两大类：

①贸易性商品的纳税人：是经营进出口货物的收、发货人，具体包括外贸进出口公司、工贸或农贸结合的进出口公司以及其他经批准经营进出口商品的企业。

②物品的纳税人：具体包括入境旅客随身携带的行李、物品的持有人，各种运输工具上服务人员入境时携带自用物品的持有人，馈赠物品及其他方式入境个人物品的所有人，个人邮递物品的收件人。

注意，接受纳税人委托并办理货物报关等手续的代理人，可以代办纳税手续。

凡是准许进出口的货物，除国家另有规定外，均应由海关征收进口关税或出口关税。

在我国，关税的税目、税率均由《海关进出口税则》规定。关税的税率分为进口税率和出口税率，其中进口税率又分为普通税率、最惠国税率、协定税率、特惠税率、关税配额税率以及暂定税率。纳税人在实际核算需要缴纳的进口关税时，要从海关总署网站确定最新的进口税率，这里不做详细列示。

在核算关税应纳税额时，除了要明确适用税率，更关键的操作是确定进出口货物的完税价格，简单介绍见表 7-5。

表 7-5 进出口关税的完税价格

进出口	情　形	完税价格
进口	一般贸易项下进口的货物	以海关审定的成交价格为基础的到岸价格作为完税价格 成交价格是一般贸易项下进口货物的买方为购买该项货物向卖方实际支付或应支付的价格；进口方在成交价格外另支付给卖方的佣金，应计入成交价格，而向境外采购代理人支付的买方佣金不计入成交价格；卖方付给进口人的正常回扣，应从成交价格中扣除

续上表

进出口	情　形	完税价格
出口	特殊贸易项下进口的货物	①运往境外加工的货物，出境时已向海关报明，并在海关规定期限内复运进境的，以加工后货物进境时的到岸价格与原出境货物价格的差额，作为完税价格。如果无法得到原出境货物的到岸价格，可用原出境货物相同或类似货物的在进境时的到岸价格，或用原出境货物申报出境时的离岸价格代替。如果两种方法都不能确定，则可用原出境货物在境外支付的工缴费加上运抵中国关境输入地点起卸前的包装费、运费、保险费和其他劳务费等作为完税价格 ②运往境外修理的机械器具、运输工具或其他货物，出境时已向海关报明并在海关规定期限内复运进境的，以经海关审定的修理费和料件费作为完税价格 ③租借和租赁进口货物的，以海关审查确定的货物租金作为完税价格 ④对于国内单位留购的进口货样、展览品和广告陈列品等，以留购价格作为完税价格 ⑤逾期未出境的暂进口货物，如果入境超过半年仍留在国内使用，应从第 7 个月起，按月计征关税 ⑥转让出售进口减免税货物的完税价格，按特定减免税办法批准予以减免税进口的货物，在转让或出售而需补税时，按货物原进口时的到岸价格确定
	—	以海关审定的货物售予境外的离岸价格，扣除出口关税后的余额，作为完税价格，用计算公式表示如下： 出口货物完税价格 = 离岸价格 ÷（1+ 出口税率）

进出口关税的应纳税额计算需要区分以下几种情况进行。

①从价税，以进出口货物的完税价格为计税依据。

应纳税额 = 应税进（出）口货物数量 × 单位完税价格 × 适用税率

②从量税，以进口商品的数量为计税依据。

应纳税额 = 应税进口货物数量 × 关税单位税额

③复合税，是对某种进口货物同时使用从价和从量计征。

应纳税额 = 应税进口货物数量 × 单位完税价格 × 适用税率 + 应税进口货物数量 × 关税单位税额

关税在纳税人按进出口货物通关规定向海关申报后、海关放行前一次性缴纳。进出口货物的收发货人或其代理人应在海关签发税款缴款凭证次日起 15 日内（星期日和法定节假日除外），向指定银行缴纳税款。逾期不缴的，除依法追缴外，由海关自到期次日起至缴清税款之日止，按日征收欠缴税额 0.5‰ 的滞纳金。

对由于海关误征而多缴纳税款的，纳税人可从缴纳税款之日起一年内，书面声明理由，连同纳税收据向海关申请退税，逾期不予受理。

进出口货物完税后，如果发现少征或漏征税款，海关有权在一年内予以补征；如果因为收发货人或其代理人违反规定而造成少征或漏征税款的，海关在三年内可以追缴。

由于关税的核算工作比较复杂，这里只对关税的相关知识点做简单了解，不进行关税应纳税额的核算演示。

⑥ 公司开展业务并签订合同，印花税少不了

印花税是对经济活动和经济交往中书立、领受、使用的应税经济凭证征收的一种税。这些应税经济凭证包括书面形式的合同、产权转移书据、营业账簿和证券交易形成的凭证这四大类。

因此，印花税的纳税义务人包括立合同人、立据人、立账簿人以及证券交易的出让方。印花税税目税率表，见表7-6。

表7-6　印花税税目税率表

税　目		税　率	备　注
书面合同	借款合同	借款金额的 0.05‰	指银行业金融机构、经国务院银行业监督管理机构批准设立的其他金融机构与借款人（不包括同业拆借）的借款合同
	融资租赁合同	租金的 0.05‰	
	买卖合同	价款的 0.3‰	指动产买卖合同（不包括个人书立的动产买卖合同）
	承揽合同	报酬的 0.3‰	
	建设工程合同	价款的 0.3‰	
	运输合同	运输费用的 0.3‰	指货运合同和多式联运合同（不包括管道运输合同）
	技术合同	价款、报酬或使用费的 0.3‰	不包括专利权、专有技术使用权转让书据
	租赁合同	租金的 1‰	
	保管合同	保管费的 1‰	
	仓储合同	仓储费的 1‰	
	财产保险合同	保险费的 1‰	不包括再保险合同

续上表

税　目		税　率	备　注
产权转移书据	土地使用权出让书据	价款的 0.5‰	
	土地使用权、房屋等建筑物和构筑物所有权转让书据	价款的 0.5‰	不包括土地承包经营权和土地经营权转移
	股权转让书据	价款的 0.5‰	不包括应缴纳证券交易印花税的
	商标专用权、著作权、专利权、专有技术使用权转让书据	价款的 0.3‰	
营业账簿		实收资本（股本）、资本公积合计金额的0.25‰	
证券交易		成交金额的 1‰	

部分税目的应纳税额计算公式如下：

应税合同的应纳税额 = 价款或报酬 × 适用税率

应税产权转移书据的应纳税额 = 价款 × 适用税率

应税营业账簿的应纳税额 = 实收资本（股本）与资本公积合计金额 × 适用税率

证券交易的应纳税额 = 成交金额或依法确定的计税依据 × 适用税率

实例分析

核算签订合同应缴纳的印花税税额

　　某电厂与某运输公司签订了两份运输保管合同，第一份合同载明金额合计 60.00 万元（运费和保管费未分别记载）；第二份合同注明运费50.00 万元，保管费 20.00 万元。分别计算该电厂第一份和第二份合同应缴纳的印花税税额。

　　由于运输合同税率为 0.3‰，而保管合同税率为 1‰，因此应缴纳税额计算如下。

　　第一份合同应缴纳印花税税额 =600 000.00×1‰ =600.00（元）

第二份合同应缴纳印花税税额=500 000.00×0.3‰+200 000.00×1‰

=350.00（元）

印花税在发生时直接缴纳，编制会计分录如下：

借：税金及附加   950.00

  贷：银行存款   950.00

⑦ 占用应税土地开展经营活动，缴纳城镇土地使用税

城镇土地使用税是国家在城市、县城、建制镇和工矿区范围内，对使用土地的单位和个人，以其实际占用的土地面积为计税依据，按照规定的税额计算征收的一种税。这里的规定税额主要包括以下几种情况：

①大城市：每平方米年税额 1.5 ～ 30 元。

②中等城市：每平方米年税额 1.2 ～ 24 元。

③小城市：每平方米年税额 0.9 ～ 18 元。

④县城、建制镇、工矿区：每平方米年税额 0.6 ～ 12 元。

对于经济落后地区，城镇土地使用税的适用税额标准可适当降低，但降低幅度不得超过上述规定最低税额的 30%。经济发达地区，城镇土地使用税的适用税额可适当提高，但必须报经财政部批准。

城镇土地使用税由拥有土地使用权的单位或个人缴纳；拥有土地使用权的纳税人不在土地所在地的，由代管人或实际使用人缴纳。土地使用权未确定或权属纠纷未解决的，由实际使用人纳税。土地使用权共有的，共有各方均为纳税人，由共有各方根据自己实际使用土地的面积占总面积的比例，分别计算纳税。

城镇土地使用税的年应纳税额 ＝ 实际占用应税土地面积（平方米）× 适用税额

城镇土地使用税的纳税义务发生时间视具体情况而定，见表 7-7。

表 7-7 城镇土地使用税的纳税义务发生时间

情　形	纳税义务发生时间
纳税人购置新建商品房	自房屋交付使用的次月起缴纳

续上表

情　　形	纳税义务发生时间
纳税人购置存量房	自办理房屋权属转移、变更登记手续，房地产权属登记机关签发房屋权属证书的次月起缴纳
纳税人出租、出借房产	自交付出租、出借房产的次月起缴纳
以出让或转让方式有偿取得土地使用权的	由受让方从合同约定交付土地时间的次月起缴纳；合同未约定交付土地时间的，由受让方从合同签订的次月起缴纳
纳税人新征用的耕地	自批准征用之日起满一年时开始缴纳
纳税人新征用的非耕地	自批准征用的次月起缴纳

城镇土地使用税在土地所在地缴纳。纳税人使用的土地不属于同一省、自治区、直辖市管辖的，由纳税人分别向土地所在地税务机关申报缴纳；在同一省、自治区、直辖市管辖范围内，但纳税人跨地区使用的土地，纳税地点由各省、自治区、直辖市税务局确定。城镇土地使用税按年计算、分期缴纳，具体纳税期限由省、自治区、直辖市人民政府确定。

实例分析

公司经营占用土地需缴纳城镇土地使用税

某公司从 2×22 年 1 月起开始开展经营活动，实际占用土地面积 3 万平方米，经税务机关核定，该公司所在地段适用城镇土地使用税税率每平方米年税额 3.00 元，计算该公司全年应缴纳的城镇土地使用税税额。

年应缴纳城镇土地使用税税额 =30 000×3.00=90 000.00（元）

①按年计算应缴纳城镇土地使用税。

借：税金及附加　　　　　　　　　　　　90 000.00

　　贷：应交税费——应交城镇土地使用税　　　　　　90 000.00

②实际分期缴纳税款时，按照实际缴纳的金额编制如下会计分录：

借：应交税费——应交城镇土地使用税

　　贷：银行存款

⑧ 购置车辆时，缴纳车辆购置税

车辆购置税是对在中国境内购置规定车辆的单位和个人征收的一种税。根据《中华人民共和国车辆购置税法》的规定，在中华人民共和国境内购置汽车、有轨电车、汽车挂车、排气量超过150毫升的摩托车的单位和个人，为车辆购置税的纳税人。这里所说的"购置"包括以购买、进口、自产、受赠、获奖或其他方式取得并自用应税车辆的行为。

车辆购置税实行一次性征收，因此，购置已征车辆购置税的车辆，不再征收车辆购置税。该税种采用10%的比例税率，以应税车辆的计税价格为计税依据核算应纳税额。

$$车辆购置税应纳税额 = 计税依据 \times 10\%$$

而计税价格又会因为不同的情况而有所不同。

①纳税人购买自用应税车辆：计税价格为纳税人实际支付给销售者的全部价款，不包括增值税税款。

②纳税人进口自用应税车辆：计税价格为关税完税价格加上关税和消费税，合称为组成计税价格。

③纳税人自产自用应税车辆：计税价格按照纳税人生产的同类应税车辆的销售价格确定，不包括增值税税款。

④纳税人以受赠、获奖或其他方式取得自用应税车辆：计税价格按照购置应税车辆时相关凭证载明的价格确定，不包括增值税税款。

注意，纳税人申报的应税车辆计税价格明显偏低，又无正当理由的，由税务机关依照《中华人民共和国税收征收管理法》的规定核定其应纳税额。国家税务总局未核定最低计税价格的车辆，计税价格为纳税人提供的有效价格证明注明的价格；有效价格证明注明的价格明显偏低的，主管税务机关有权核定应税车辆的计税价格。

纳税人购买自用应税车辆的，应在购买之日起60日内申报纳税；进口自用应税车辆的，应在进口之日起60日内申报纳税；以自产、受赠、获奖或其他方式取得并自用应税车辆的，应在取得之日起60日内申报纳税。

纳税人应在向公安机关车辆管理机构办理车辆登记注册前，向车辆登记注册地的主管税务机关申报纳税；购置不需要办理车辆登记注册手续的应税车辆，应向纳税人所在地主管税务机关申报纳税。

关于车辆购置税税目税额，直接参考下节内容中有关车船税法的规定，这里不再详细列举。

实例分析

公司购买管理用应税车辆需要缴纳车辆购置税

某公司在 2×22 年 5 月新购入一辆应税汽车，供管理人员使用，不含税价款 12.00 万元。已知车辆购置税税率为 10%，不考虑增值税问题，计算该公司购买管理用车需要缴纳的车辆购置税税额并做账务处理。

车辆购置税应纳税额 =120 000.00×10%=12 000.00（元）

由于车辆购置税实行一次性征收，税款一次缴清。因此要将车辆购置税税款与车辆购买价款一同确认为车辆的入账价值，不单独核算。

借：固定资产——汽车　　　　　　　　　132 000.00
　　贷：银行存款　　　　　　　　　　　　　　132 000.00

⑨ 使用车船过程中，缴纳车船税

车船税是指对在中国境内车船管理部门登记的车辆、船舶依法征收的一种税。与车辆购置税一次性征收不同，车船税实行按年征收。

根据《中华人民共和国车船税法》的规定，在中华人民共和国境内属于本法所附《车船税税目税额表》规定的车辆、船舶的所有人或管理人，为车船税的纳税人。

不同的应税车船，其车船税应纳税额的计算公式不同，如下所示：

①乘用车、客车和摩托车的应纳税额 = 辆数 × 适用年基准税额

②货车、专用作业车和轮式专用机械车的应纳税额 = 整备质量吨位数 × 适用年基准税额

③挂车的应纳税额 = 整备质量吨位数 × 适用货车年基准税额 ×50%

④机动船舶的应纳税额 = 净吨位数 × 适用年基准税额

⑤拖船和非机动驳船的应纳税额 = 净吨位数 × 适用机动船舶年基准税额 ×50%

⑥游艇的应纳税额 ＝ 艇身长度 × 适用年基准税额

车船税纳税义务发生时间为取得车船所有权或管理权的当月，具体以购买车船的发票或其他证明文件所在日期的当月为准。购置新车船，购置当年的应纳税额应从纳税义务发生的当月起按月计算。

注意，车船税可以由保险机构代收代缴，纳税地点为车船的登记地或车船税扣缴义务人所在地的主管税务机关。依法不需要办理登记的车船，其车船税的纳税地点为车船的所有人或管理人所在地主管税务机关。

车船税按年申报、分月计算、一次性缴纳。纳税年度为公历 1 月 1 日至 12 月 31 日。如果纳税人购置车船的当年不足 12 个月，则从纳税义务发生当月起按照实际月份数计算当年应缴纳的车船税，比如当年 4 月购入应税车船，则当年应缴纳车船税 ＝ 年应纳税额 ÷12×9。

实例分析

公司购买应税车辆需要按年缴纳车船税

某公司在 2×22 年 5 月新购入一辆应税汽车，供管理人员使用。已知该应税车辆适用的车船税年基准税额为 350.00 元。计算该公司购买管理用车需要缴纳的车船税税额并做账务处理。

车船税年应纳税额 ＝1×350.00=350.00（元）

每月应纳税额 ＝350.00÷12 ≈ 29.17（元）

①每月计提当月应缴纳车船税。

借：税金及附加 　　　　　　　　　　　　　　29.17

　　贷：应交税费——应交车船税 　　　　　　　　　29.17

②缴纳一年的车船税。

借：应交税费——应交车船税 　　　　　　　　350.00

　　贷：银行存款 　　　　　　　　　　　　　　　350.00

读 者 意 见 反 馈 表

亲爱的读者：

感谢您对中国铁道出版社有限公司的支持，您的建议是我们不断改进工作的信息来源，您的需求是我们不断开拓创新的基础。为了更好地服务读者，出版更多的精品图书，希望您能在百忙之中抽出时间填写这份意见反馈表发给我们。随书纸制表格请在填好后剪下寄到：北京市西城区右安门西街8号中国铁道出版社有限公司大众出版中心 王佩 收（邮编：100054）。此外，读者也可以直接通过电子邮件把意见反馈给我们，E-mail地址是：505733396@qq.com。我们将选出意见中肯的热心读者，赠送本社的其他图书作为奖励。同时，我们将充分考虑您的意见和建议，并尽可能地给您满意的答复。谢谢！

所购书名：_____

个人资料：

姓名：_____ 性别：_____ 年龄：_____ 文化程度：_____

职业：_____ 电话：_____ E-mail：_____

通信地址：_____ 邮编：_____

您是如何得知本书的：

□书店宣传 □网络宣传 □展会促销 □出版社图书目录 □老师指定 □杂志、报纸等的介绍 □别人推荐
□其他（请指明）_____

您从何处看到本书的：

□书店 □邮购 □商场、超市等卖场 □图书销售的网站 □培训学校 □其他

影响您购买本书的因素（可多选）：

□内容实用 □价格合理 □装帧设计精美 □带多媒体教学光盘 □优惠促销 □书评广告 □出版社知名度
□作者名气 □工作、生活和学习的需要 □其他

您对本书封面设计的满意程度：

□很满意 □比较满意 □一般 □不满意 □改进建议

您对本书的总体满意程度：

从文字的角度 □很满意 □比较满意 □一般 □不满意
从技术的角度 □很满意 □比较满意 □一般 □不满意

您希望书中图的比例是多少：

□少量的图片辅以大量的文字 □图文比例相当 □大量的图片辅以少量的文字

您希望本书的定价是多少：

本书最令您满意的是：

1.
2.

您在使用本书时遇到哪些困难：

1.
2.

您希望本书在哪些方面进行改进：

1.
2.

您需要购买哪些方面的图书？对我社现有图书有什么好的建议？

您更喜欢阅读哪些类型和层次的书籍（可多选）？

□入门类 □精通类 □综合类 □问答类 □图解类 □查询手册类

您在学习的过程中有什么困难？

您的其他要求：